大夏书系·与大师同行

董一菲 张肖侠 / 主编

跟教育名家学做教师

经典阅读 照亮教师成长

 华东师范大学出版社

全国百佳图书出版单位

编　委

主编： 董一菲　张肖侠

参与编写者（排名不分先后）：

曹公奇	任　玲	寇彦敏	陈　英	李　慎	朱慧颖	张利欣
王　芳	张　茵	任淑娥	赵　胤	李伟萍	张金波	张学明
赵小越	王立诚	田　俊	周　虹	李春华	董艳荣	张　烁
郭天明	才　颖	辛东霞	陈晓羽	刘雨霞	王翠翠	陈春霞
于汉芹	刘　亚	吴　玲	黄晓梅	徐玉峰	王青生	王林琳
赵洪金	董亚君	龙　潇	李艳春	公维桂	毕云涛	张　萍
凤　华	文四萍	陈凤英				

目录

第一辑　跟叶圣陶学做教师

语言是语文教学的主体目标 / 3

相机诱导，曲径通幽 / 6

如何实现"教是为了不教" / 13

让课外阅读成为一种习惯 / 17

让学生真正成为学习的主人 / 21

"下水"方知文短长 / 25

附：叶圣陶教育箴言 / 29

第二辑　跟陶行知学做教师

以科学之方提升语文核心素养 / 35

终身学习，永葆初心 / 40

做个善变的教师 / 45

开放时空，让思想飞 / 50

激活生命之灵性，启发灵魂之自觉 / 56

附：陶行知教育箴言 / 60

第三辑　跟孔子学做教师

学思结合，相得益彰 / 65

强化思维训练，提升学习境界 / 71

仰望星空，脚踏实地 / 76

有教无类，善莫大焉 / 80

巧抓"愤""悱"教育机遇，提升学生独立思考能力 / 84

附：孔子教育箴言 / 91

第四辑　跟张伯苓学做教师

教育，本该天然 / 95

教育，立德树人 / 99

德育之花使生命灿烂 / 103

允公允能，师生共成长 / 107

欲强中国，端赖新少年 / 112

附：张伯苓教育箴言 / 115

第五辑　跟佐藤学学做教师

在真正的"主体"中"润泽"学生 / 119

打造润泽的课堂，倾听花开的声音 / 123

今天，你听讲了吗？ / 127

这边风景独好 / 131

附：佐藤学教育箴言 / 135

第六辑　跟苏霍姆林斯基学做教师

无限信仰书籍的力量 / 141

开发语文教学资源，拨动学生诗意琴弦 / 145

打造思考的课堂 / 149

教师的成长与引领 / 153

为我们的教育插上写作的翅膀 / 157

附：苏霍姆林斯基教育箴言 / 161

第七辑　跟杜威学做教师

教育就是让师生一起成长 / 167

思维的力量，在生活中聚集 / 172

让语文课堂彰显逻辑的力量 / 176

让经典润泽生命 / 181

附：杜威教育箴言 / 185

第八辑　跟怀特海学做教师

返璞归真做教育 / 191

在节奏中浪漫，在自由中训练 / 194

教育是人类灵魂的训练 / 198

遇见经典，预约成长 / 202

附：怀特海教育箴言 / 205

第九辑　跟雷夫学做教师

奇迹皆缘方法好，细节从来不寻常 / 209

用智慧点燃孩子们的热情 / 213

给"灰色学生"多一些阳光 / 217

聚焦核心素养，创新课堂教学 / 222

附：雷夫教育箴言 / 225

第十辑　跟卢梭学做教师

教育，就是让人的灵魂充满"诗意" / 231

走向生本，激扬生命 / 235

教育的目的是让学生重新发现自己 / 240

激发兴趣，播下诗意语文的种子 / 246

让学生活出自己的人生 / 249

附：卢梭教育箴言 / 253

PART 1

第一辑

跟叶圣陶学做教师

叶圣陶先生是新中国杰出的教育家，《叶圣陶语文教育论集》收录了叶老论述语文教育的一百多篇文章。这些文章中，没有高深难懂的理论，处处闪耀着叶圣陶语文教育思想的光辉。品读这些文章，我们就像站在一位教育老人面前，聆听他质朴、自然的谆谆教诲一样，让人豁然开朗，茅塞顿开。重读叶圣陶，细读叶圣陶，精读叶圣陶，是青年语文教师必须踏实走过的成长之路。他的观点、论述，至今仍对教育教学起着积极的指导作用。

语言是语文教学的主体目标

陕西省宝鸡市教研室　　曹公奇

语言是一种工具。工具是用来达到某个目的的。工具不是目的。比如锯子、刨子、凿子是工具，是用来做桌子一类东西的。我们说语言是一种工具，就个人说，是想心思的工具，是表达思想的工具；就人与人之间说，是交际和交流思想的工具。思想和语言是分不开的，想心思得靠语言来想，不能凭空想。可以说，不凭借语言的思想是不存在的。……就学习语文来说，思想是一个方面，表达思想内容的工具又是一个方面。（叶圣陶：《叶圣陶语文教育论集》，教育科学出版社，2015年版，第103页。以下只注明页码）

阅读感悟与反思

叶圣陶先生首先提出"语言是一种工具"，"国文，在学校里是基本科目中的一项，在生活上是必要工具的一种"，从而奠定了语文课程"工具性"的基础，而且一直指引着中国语文教育的发展方向。近年来，"工具性"遭遇着各种各样的质疑或批判。有人以为"工具性"只是一种比喻，不是一个科学定义，但是又无法给语文下一个确切、公认的定义；有人极力想用"人文性"代替"工具性"，结果十年的课改偏差证明了此路不通；有人还想基于建构主义、后现代主义等新理论为汉语文重新定性，但应者寥寥……《义务教育语文课程标准》（北京师范大学出版社2011年版）把语文课程性质确定为："语文课程是一门学习语言文字运用的综合性、实践性课程"，"语言文字是人类最重要的交际工具和信息载体，是人类文化的重要组成部分"。

"工具性与人文性的统一，是语文课程的基本特点。"这就明确了语文课程的核心任务是学习语言文字的运用，肯定了语文是一种重要的交际工具。

语文是人类最重要的交际工具，只是对语文课程核心性质的一种形象表述，并不排斥语文课程的其他属性及功能。有人想极力否定"工具性"，殊不知，叶老并不认为语文课程仅有"工具性"，也并不否认语文课程的其他属性。叶老很形象地阐述了语文课程主要任务和其他任务之间的关系，也就是语文课程的主体目标和非主体目标之间的关系，他说："国文是各种学科中的一个学科，各种学科又像轮辐一样辏合于一个教育的轴心，所以国文教学除了技术的训练外，更需要含有教育的意义。""不过重视内容，假如超过了相当的限度，以为国文教学的目标只在于灌输固有道德，激发抗战意识，等等，而竟忘了语文教学特有的任务，那就很有可议之处了。""国文教学，选材能够不忽略教育意义，也就足够了，把精神训练的一切责任都担在自己肩膀上，实在是不必的。"

叶老的论述其实再也清楚不过了，他认为语文是一种交际的工具，但并不否认语文教材中所蕴含的教育意义。就是说，语文首先是一种交际工具，同时也是富有教育意义的。这和我们现在所说的"工具性与人文性的统一"，不是一样的道理吗？我们不必用"人文性"来压制"工具性"。任何时候，语言文字运用的学习都是语文课程的主要任务和主体目标，其他的都是语文课程附带的属性和功能，是非主体目标任务。如果不能认识到这一点，在语文教学中做不到这一点，那么就根本算不上是语文课了。

实践运用与建议

在语文教学中，有些课堂以课文的人文思想教育为核心、为主体目标，力图通过一篇文本的学习，就能达到某种育人的目标，把人文教育的一切责任，都想担在语文课的肩上，实在是高估了语文学习的功能。虽然说语文课程有着丰富的人文内涵，但是这些人文内涵对学生思想情感所起的主要是熏陶感染作用，而不能靠说教和灌输。教师引领学生对语言文字的运用进行学习，就是在对语文材料进行感受和理解，就是通过这些人文内涵对学生思想情感进行熏陶感染，从而达到潜移默化的教育作用。

教学鲁迅的小说《祝福》，我不会仅仅把教学目标定位为：让学生了解封建社会广大下层劳动妇女的低下社会地位和不幸遭遇，分析造成祥林嫂悲剧命运的社会根源，从而认识旧社会封建礼教吃人的罪恶本质；让学生体会作者对封建思想和封建礼教的深刻批判；引导学生关注社会发展，体味人生意味；培养学生关心他人、同情弱者的高尚情怀和积极的人生态度；等等。这样的课，人文内涵确实丰富，但是想让语文课独担教育新人、培养人格的大任，显然是高估了语文课的功用。

《祝福》作为一篇小说，它的倒叙方式、环境描写、细节描写、人物刻画，特别是这些方面经典的语言文字表述，才是语文课上更应该学习的。比如，作者对祥林嫂眼睛的刻画——"只有那眼珠间或一轮"，鲁四老爷的"可恶！然而……"，短工简短的答话等，这些语言值得反复咀嚼，细细品味，从而领悟内涵，理解并探究祥林嫂的悲惨命运及其社会根源。这才是透过语言文字，达到领悟内涵的目的。如果抛开这些经典的语言文字，只是分析其人文价值，那么这些人文思想也只能是空中楼阁。

教学《念奴娇·赤壁怀古》，如果只是一味地分析作者渴望为国效力的思想与壮志未酬的苦闷，理解"人生如梦"的思想情绪，或者是苏轼的思想境界、人生情怀，而对这首词的语言不进行品味学习，那么，"大江东去"表达出来的那种气势，"人道是"表现出来的那种严谨，"乱石穿空，惊涛拍岸，卷起千堆雪"表现出来的那种壮美，"小乔初嫁了，雄姿英发"表现出来的对英雄豪杰的仰慕，"谈笑间，樯橹灰飞烟灭"表现出来的英雄智勇，"多情应笑我，早生华发"表现出来的苦闷、自嘲，"人生如梦"表现出来的沉郁而不消极，等等，是无法真正领悟的。这些都需要我们对语言文字的咂摸、品味、体会，才能深入理解经典作品文字背后深藏的意蕴。

所以，真正的语文课，任何时候都是把语言文字的学习放在首位，作为语文课的主体目标，这个问题解决了，其他的问题也就迎刃而解，水到渠成了。这就是叶老重现语文的"工具性"至今无法抹杀的重大的现实意义。

相机诱导，曲径通幽

河北省辛集中学　　寇彦敏

尝谓教师教各种学科，其最终目的在达到不复需教，而学生能自为研索，自求解决。故教师之为教，不在全盘授与，而在相机诱导。必令学生运其才智，勤其练习，领悟之源广开，纯熟之功弥深，乃为善教者也。（第524页）

阅读感悟与反思

这一段文字中，叶老"相机诱导"一说，和新课程主张"教师是学生学习的主导者"的理念是一致的。相机诱导，我认为就是寻找恰当的机会，在适当的时候引导、指点。也就是说，当学生在学习过程中遇到障碍，教师应及时提供科学的思维方法，总结相应的学习方法，指出思维的方向或轨道，使学生豁然开朗、思路畅通，学习得以顺利进行。相机诱导，可使学生疑窦大开，智慧闪烁，有利于调动学生学习语文的积极性和主动性，真正让学生成为学习的主体。

"相机"两字告诉我们，抓住时机很重要。诱导过早，学生还没有深入思考，这仍旧等同于全盘授予；诱导过晚，学生已经过了兴奋期，学习兴趣减弱，也会事倍功半。所以，教师要善于抓住学生学习兴趣最浓、求知欲最强烈的有利时机，进行适当点拨诱导。看来，教师不能只停留在"传道受业解惑"上心满意足，而应该在引导学生乐学、会学上下功夫。

实践运用与建议

抓住合作探究的有利时机

在大力倡导"自主、合作、探究"理念的背景之下，合作探究学习已经成为课堂教学的常态。这时候教师如何相机诱导？许多教师退至教室一隅耐心等待，或蜻蜓点水般在各学习小组间游走，这种做法显然不妥。其实，新课程倡导的合作探究，除了学生与学生之间的合作，还应该包括师生之间的合作。学生出现意见分歧或思维阻塞的时候，正是"愤""悱"之际，求知欲望最为强烈，是对学生进行启发引导的最佳时机。因此，教师不应该是看客，而应该是时刻观察各组学习进展的导师，必要时可以参与到学生的合作学习中去，对学生的疑问相机诱导。

抓住课堂提问的有利时机

课堂提问，是教学过程中最常见的一种手段，在课堂教学诸因素中起着举足轻重的作用。事实上，学生回答的内容往往很难让教师非常满意。这时，我们是直接把答案告诉学生，还是借机寻找一个切入点，进行引导，让学生自己去思考、领悟，然后得出答案呢？显然，后一种方法要好得多。课堂提问时，教师要审时度势，及时、积极地评价学生的回答，明确观点，从而优化学生原有的认知结构。回答正确的，其原有的认知结构就会得到肯定和强化；回答不全面或错误的，要给予及时调整、纠正，改变其有所欠缺的认知结构。教师指点迷津，学生恍然大悟，整个教学过程是生动活泼的。学生不再空叹"眼前有景道不得"，而是充分享受到求知、探索的无穷乐趣。

抓住批改作业的有利时机

书写评语不是作文批改的专利。看到学生有差错的答案，我们不要简单地用鲜红的"×"来完成批改，而要分析学生错误答案产生的原因，必要时，在学生答案边上进行点评引导，哪怕只是画个圈，写几个字，也会引起学生的重视。

另外，在作业批改中，还可以相机进行"情绪诱导"，也就是抓住学生在作业中反映出来的情绪问题，通过批语这种无声的语言和学生进行沟通交流。或泼一泼冷水，引导学生时刻保持清醒的头脑；或鼓一把劲，引导学生增强学习的信心，提高对生活的热情。

一次，我在班上布置了作文：

常有人抱怨生活的苛刻，人情的淡薄，社会的冷酷，因而也就多惆怅，多苦闷，多消极。其实，只要我们认真观察，用心体会，你便会发现，生活中的美就在你身边，许许多多的小事看似平凡，却令人心动，给人温暖……

要求：自拟题目，写一篇与上段文字情境相符的文章。

作文交上来以后，我先抽查了一部分，发现普遍存在着一个毛病——空。选取的事例能扣住题目要求——"小事""令人心动""给人温暖"，但写起来却空洞无物，干巴巴的，人物形象不鲜活，像记流水账。其实这类问题我已经反复给学生讲过多次——"写记叙文一定要注意形象生动，切忌枯燥无味"，可是他们为什么就记不住呢？

为了帮助学生们改掉写记叙文空洞呆板的毛病，为了让他们学会运用多种表现手法来增强语言表达效果，我想出了一招儿——"自黑"。也就是由我自己先写出一篇不成功的"例文"，作为靶子，让学生在讨论改写中体会并学会记叙文的写作。

上课了，我抱着一摞作文本走进教室，有个学生小声嘟囔了一句："又要挨批了。"我装作没听见，环视了一下教室，对学生们说："就这次作文题目，我在课下也写了一篇，改了两遍，但总觉得不理想，但也不知道哪儿出了问题，请大家帮忙分析一下。"

学生们都感到很新鲜：咦，这次不是老师"批判"我们，而是我们给老师改作文，真新鲜，有意思。我从学生的表情中，从他们的窃窃私语中，感觉到了兴奋的情绪。显然，课堂上多了几分生气。

接着，我把自己的文章展示在大屏幕上，读给学生们听：

一件小事

天很热,我好不容易挤上了车,找到了自己的座位。

我的座位是临窗的三号。四号是个胖女人,五号是个年轻姑娘。我们三个在一排。

四号真胖,挤得我和五号都讨厌她。汽车走了一段,人们开始打盹了,四号开始朝五号歪去。五号先是架起胳膊顶住四号的脸,待了一会儿,猛然一闪身,把四号闪倒了。

四号醒过来,很不好意思。

汽车又走了一段,五号也打起盹来,头歪在四号的肩上。可四号倒没什么反应,一直让她这么靠着。

看到此情此景,我心里很不是滋味。

读完后,我做了个鬼脸,装作很为难的样子说:"实在写不出来了,憋了我整整一节课。请大家伙儿评判一下吧,也算帮我一个忙。"

学生们开始讨论发言。

生:这个事儿选得还行,但听着没劲。

生:我有时也这样,选好了事例,可就是写出来没意思。

师:噢,怎么个"没意思"?

生:干巴巴的,不生动,太空。

生:只有个"架子",内容不充实,听起来不吸引人。

(学生对文章的选材立意没什么争议,我就接着将话题往写法上引。)

师:(似有所悟)唔,有道理。这篇作文的问题是,只有筋骨,缺血少肉。那么,就请同学们帮忙,给它添"血"加"肉"吧。

(学生思索,讨论。)

生:加点肖像描写吧。

师:这个主意好!在你的想象中,这几个人长得是什么样呢?

生:"我"作为一个穿线人物,可以不作重点描写。五号姑娘,最好把她写成个"冷美人";胖女人嘛,可以让她长得丑些,但必须表现出她心地的善良。

师：很好。果戈理说："外形是理解人物的钥匙。"一般来说，肖像描写是刻画人物不可缺少的。肖像主要指人的容貌、神情、姿态、衣饰等方面。形神兼备的肖像刻画确实有助于揭示人物的性格特征和内心世界。

生：胖女人的憨厚淳朴也得想法体现出来，她不小心眼儿，而且与人为善。

生：用动作刻画出来也行。

师：好，用动作来表现人物。一部《水浒传》，因精彩曲折的故事情节和鲜活典型的人物形象，千百年来脍炙人口。倘若没有"鲁提辖拳打镇关西"这样极富魅力的动作描写，整部小说就会黯然失色，一个个梁山好汉也都英雄不再了。可见，动作描写与肖像、语言、心理描写相比，在刻画人物性格、塑造人物形象上更有力。

生：老师，我想通过语言来刻画。

师：好！人物的语言，是塑造人物形象的重要手段，古人说"言为心声"，可见语言是表达人物思想感情的工具，是展示人物性格特征的镜子，是袒露人物内心世界的窗户。历来优秀作家也都十分重视人物语言的描写。

生：我看得加一些细节刻画，比如五号姑娘的反应什么的，要把她写得娇里娇气，目中无人。

师：不错。有的作文不是十分成功，但是其中某一独特而极具个性的细节描写，会令我们过目不忘。现实生活中，一个人不自觉地表现出的细小动作，是最能反映一个人的个性、习惯和修养的。

生：要不就通过"我"的心理活动来表现。

……

（发言一个紧接一个，设想也一个接着一个……我心中暗暗高兴。）

从同学们的发言可以看出，他们对"如何使记叙文人物生动形象，血肉丰满"已经有了一个整体了解。我看"火候"已到，便又趁机"抛"出一篇："刚才，大家说得真好，老师很受启发，下面是老师的第二稿，有劳大伙儿再评判一番。"

一件小事

国人乘车，"只争朝夕"。我几乎被挤扁，终于钻进了车门。

我的座位是临窗的三号。还没坐稳，刚才踩我脚的那个小山似的女人一屁股将四号座位压得"咯吱"一声呻吟。一下子，我的地盘被她侵占了三分之一。

唉，大夏天乘车，摊上这样的芳邻，真是不幸。

我们这排座位是三、四、五号。五号座位上是位十八九岁的姑娘，一副近视镜架在高挺的鼻梁上。我瞥她一眼，见她表情丰富的脸上清晰地显出对四号邻座的厌恶。原来，五号的"疆土"也遭到胖女人的"侵略"。只见五号几乎愤然地急挥纸扇把胖女人呛人的汗酸味儿扇到我这边来。我心中恼火，但又不便直说。

汽车在公路上飞驰。闷热的空气与发动机的"哼哼"声在催眠，车上的乘客有半数在打盹。四号的眼皮也在合拢，小山般的身躯慢慢向五号倾斜。

我幸灾乐祸起来：胖女人灰衣服上那汗渍斑斑的"盐碱地"，可以从俏姑娘那里揩到一点香水味儿了。

五号由嫌弃讨厌到怒火升腾，由"厌而远之"到"奋起反击"——她架起胳膊肘顶四号的脸。胖女人一定是梦中喝醉了酒，任五号怎样明顶暗撞，也撞不开她的梦门。最后五号"愤"中生智，猛然一闪身，把四号闪倒在座位上。车内一阵窃笑。

四号从突然破碎的梦中惊醒，艰难地支起身，很难为情地低下头，摆弄起自己的胖手指头来。

车到了晋州，那五号也开始打盹，不由自主，她的秀发委屈地贴在四号的"盐碱地"上。渐渐地，五号的头滑到四号的臂弯里了。可胖女人并未回敬那姑娘一个闪身，反倒尽量保持平稳，让姑娘舒服地倚着她。四号的右臂一定是很累了，她用左臂去托扶右臂。

不知怎地，我心里泛起一股说不清的滋味，不禁对四号低声说："大嫂，叫醒她吧。"

她答非所问："俺家大妞也这般大，年轻人爱犯困。"

车在颠簸，我的思绪也在跳动……

教室里寂静无声，同学们先是若有所思，继而会心地笑了，同学们明白了我的"计谋"。

师：你笑什么？

生：因为以前我写作文就爱写成第一稿那个样。

师：那以后呢，要是再写记叙文，应注意什么呢？

生：加入一些细节描写，比方语言呀，肖像呀，动作行为什么的。

师：能结合以上材料说明吗？

生：四号是"小山似的女人"，五号则"一副近视镜架在高挺的鼻梁上"，俩人物一出场，就给人留下了非常鲜明的印象。

生：通过四号和五号不同行为的对比，显示出了五号的心灵美和朴实博大的爱，人物形象鲜明突出。

生：胖女人"让姑娘舒服地倚着她"这个细节刻画得非常成功。

生：四号的话——"俺家大妞也这般大，年轻人爱犯困"，真让人感动。

师：为什么？

生：她能理解人啊。

生：她把陌生人看作自己的孩子一样，有爱心。

生：结尾一段有味道，余韵袅袅，不绝如缕，引人深思，发人深省。

（这位学生文绉绉地"拽词"把同学们逗笑了。）

师：看来，大家的鉴赏水平还不低哩。这两篇文章都写了旅途中的一件小事，通过我们的比较，不难看出，第二篇新颖多了，丰满多了。原因在哪里呢？我把同学们的发言归纳总结一下：以形传神描绘人物肖像，举手投足窥见人物性情，片言只语尽显人物精神，小小细节让人咀嚼回味。只要注意这几个方面，人人都会出手不凡的，我们的记叙文写作会迈上一个新台阶。大家课下认真把自己的文章修改一下，好吗？

学生在这次作文活动中表现出了极大的热情和创造力，从来没看到过他们在作文课上如此兴奋。教师相机诱导，突破了常规的思维框框，走出了一条"问题—思考—求证—对照—理解"的逆向思维路线，让学生们逆流而上，追本溯源，积极主动地完成了学习任务。学生们各抒己见，都是围绕着"运用多种手法，使文章形象更加鲜活生动"这个话题。而过去，这些是要由教师"灌"给学生的。

如何实现"教是为了不教"

陕西省宝鸡市姜谭高级中学　　张肖侠

说到如何看待"讲",我有个朦胧的想头。教师教任何功课(不限于语文),"讲",都是为了达到用不着"讲",换个说法,"教"都是为了达到用不着"教"。(第112页)

阅读感悟与反思

传统的教学模式是教师教、学生听的灌输式。新课改强调的是对话、沟通、合作、共建,是学生为主体,教师为主导。读了《叶圣陶语文教育论集》,我发现叶老提出的"凡为教,目的在达到不需要教"与新课改的要求都强调了一个教学理念,现已众口传诵,那就是"教是为了不教"。

在这本书中,叶老多次讲到"教是为了不教"的教学理念。"教是为了不教"不仅对语文教学具有现实意义,也适用于其他学科的教学。今天我们怎样理解叶圣陶先生的"教是为了不教"的深刻含义呢?我想可以从三个层面来理解。

首先,教给学生方法和能力。在《语文教育书简》(之二)中,叶老认为"学生须能读书,须能作文,故特设语文课以训练之。最终目的为:自能读书,不待老师讲;自能作文,不待老师改。老师之训练必做到此两点,乃为教学之成功"(第520页)。这也就是"授之以鱼不如授之以渔"的道理。教师除了要教给学生知识和技能,还要教给学生独立获取知识的方法和能力。同时强调教师在"教"时要注重培养学生学习的良好习惯。叶老认为,语文教学"必须使一切方法化为自身的习惯,那才算贯彻了学习国文的本旨",从而使学生离开了老师,离开了课堂还能自己自主地学习、成长,满足自身的发展需要。

其次,让学生处于主动状态。叶老说,在课堂里教语文,最终目的在达到"不需要教",使学生养成这样一种能力:不待老师教,自己能阅读。学生将来经常要阅读,老师能经常跟在他们背后吗?因此,一边教,一边要逐渐为"不需要教"打基础。打基础的办法,也就是不要让学生只是被动地听讲,而要想方设法引导他们在听讲的时候自觉地动脑筋。(第356页)也就是说,让学生成为课堂的主人,将学习的主动权交给学生,使学生的学习由被动变为主动,发挥学生的主体性和积极性,激发学生学习的兴趣,让学生爱学习、会学习、主动学习,养成良好的学习习惯。这样就有了"不教"的基础。

最后,教师的作用在启发导引。"凡为教者必期于达到不须教。教师所务唯在启发导引,俾学生逐步增益其知能,展卷而自能通解,执笔而自能合度。"(第538页)叶老说:"老师独占四十五分钟固然不适应这个要求,讲说和发问的时候启发性不多,也不容易使学生自觉地动脑筋。怎样启发学生,使他们自觉地动脑筋,是老师备课极重要的项目。这个项目做到了老师才真起了主导作用。"(第356页)叶老在强调教学活动应以学生为中心的同时,并没有忽视教师的作用,反而对教师提出了更高的要求,教师的责任就在于推动学生主动积极地向"不需要教"过渡。因此,教师要由"讲"变为"导"。在实际教学中,怎么做到由"讲"变为"导"呢?(1)教师由主角变为"导演",学生由观众变为"演员";(2)力求教师少教,保证学生多学;(3)以问题启发引导,决不越俎代庖。

"教是为了不教"的教学理念也正是当代中国教师所应当具有的专业自觉,这是由中国现代教育教学的价值、目的所决定的。教师的专业发展越来越体现为教师追求"教是为了不教",善于引导学生自学的素养、智慧和能力的发展。

实践运用与建议

叶老的这一教育思想，基于本土教育改革特别是语文课程教材教学改革实践，科学地总结了一套体现"教是为了不教"的基本理念、反映现代教育教学规律的教育教学原则。这些教育教学原则是：认定目标，致力于导；激发动力，发展主体；教材为例，举一反三；愤悱启发，相机诱导；指点学法，逐渐放手；实践历练，养成习惯；因材施教，灵活创造；正确评价，促进自学。（任苏民：《科学践行"教是为了不教"教育思想》，《中国教育报》，2016年6月22日）我们不仅要理解叶老的"教是为了不教"，还要在具体的教学实践中践行这一教学理念。

引导学生学习

受到叶老思想的启发，每一单元的第一篇课文，我会引导学生学习，让学生掌握某一类文本阅读的方法，而本单元其他的文章就可以放手，让学生自行完成学习。我曾经实践过把《装在套子里的人》《声声慢》《望海潮》等内容交给学生，让学生学做老师，通过课堂讨论等活动，有效完成了教学任务，比教师讲解好得多，达到了叶老所说的"教是为了不教"的效果。"教"是手段，"不教"是目的。

调动学生主动性

有一次上《故都的秋》，我按小组分配了阅读任务和问题。课堂是学生们展示的舞台，学生们通过诵读的形式，从声、色、形的角度总结了郁达夫笔下的六幅秋景图，以体会作者当时的心境。学生绘声绘色，很有章法，抓住了"清""静""悲凉"的特征。我只是在文本中插入的议论段这一难点上，给学生以启发引导。

引导学生自能作文和自能修改

叶老提出的"教是为了不教"，不仅对语文的阅读教学有指导意义，而且对作文教学也有重要的启发。叶老提出作文教学关键在两点：一是语文教师自己要写；二是重视学生作文的修改。他提出了教师如何指导学生进行作文修改的三种方法：个别指导、集体修改和个人修改。目的是让学生自能修改，自能作文。在一次讲评作文时，班里没有一篇优秀作文，受叶老"教是为了不教"的启发，我改变方法，印发了两篇范文进行作文升格训练，采取集体修改和个人修改相结合的形式，从标点、错别字、病句到开头、素材的选用、结构的安排等，学生都作了修改，从而明确了作文的写法。通过"教"学生修改作文的方式，达到了作文教学中"不教"的目的。

"教是为了不教"是语文教学的最高境界，按照叶老的语文教学理论，知识是不能靠灌输传递的，必须由学生领悟获得。我们的语文教学，乃至所有学科的教学，要理解并积极践行叶老"教是为了不教"的教育思想。

让课外阅读成为一种习惯

陕西省宝鸡市金台区教研室　　朱慧颖

国文教学的目标，在养成阅读书籍的习惯，培植欣赏文学的能力，训练写作文字的技能。……就教学而言，精读是主体，略读只是补充；但是就效果而言，精读是准备，略读才是应用。……现在一般学校，忽略了略读的似乎不少，这是必须改正的。（第14页）

阅读感悟与反思

叶圣陶先生曾说："学习国文，只有两种，阅读和写作。"而在阅读与写作中，叶老强调阅读为重。他认为阅读尤其是课外阅读对培养阅读能力、养成良好的阅读习惯、扩大知识视野等具有不可替代的作用。他同时指出："单凭一部国文教本，是够不上说反复的历练的。所以必须在国文教本以外再看其他的书，越多越好。应用研读国文教本得来的知识，去对付其他的书，这才是反复的历练。"

《高中语文新课程标准》也明确指出："具有广泛的阅读兴趣，努力扩大阅读视野。学会正确、自主地选择阅读材料，读好书，读整本书。丰富自己的精神世界，提高文化品位。课外自读文学名著（五部以上）及其他读物，总量不少于150万字。"课外阅读不仅有助于在阅读中积累语言，理解和运用祖国语文，更有助于培养自主学习的良好习惯，形成良好的道德品格和健全的人格。

在我们的语文教学中，要把课外阅读纳入进来，充分开展丰富多彩的阅读活动。

◉ 实践运用与建议

作为"现代语文教育之父"的叶圣陶先生是十分重视课外阅读的。那么，作为一线语文教师应该怎样有效开展课外阅读，督促并指导学生进行课外阅读，让课外阅读成为一种习惯呢？我在平时的教学活动中是从这几个方面入手的。

营造良好的读书氛围，创建书香教室

想要让学生积极主动地阅读，必须为他们创设浓郁、良好的读书氛围，提供适合他们智力水平发展的书籍。我号召全班同学一学期自带一本自己喜欢的课外书籍，建立班级图书角。图书角由学生专人管理，对图书进行分类并编目，学生借阅需要在管理员那里进行登记。每学期结束对班级图书角藏书情况、借阅情况进行统计，形成《图书阅读报告》，为学生们提供参考和建议。图书角的建立在一定程度上为学生提供了较为丰富的书籍资源，让学生在课间、午休间隙进行阅读成为一种可能。《图书阅读报告》则直观地表明学生借阅的数量，易于树立模范发挥带头作用，形成你追我赶的读书氛围。

坚持进行"月读一书"的活动

我根据班级图书角的书籍、平时的学习进度、课后的名著导读，结合学生的实际阅读需要，要求学生从班级已有书籍中进行选择，或根据自身兴趣爱好自选书籍，上报后经过我审核认为合适阅读再进行阅读，如不合适可调整后再进行阅读。课外阅读，以每个月为一个基本单位，每个月读一本书，读完后上交一篇读书笔记。我向学生推荐了《毛泽东传》《怀念萧珊》《猛虎集》《史记·刺客列传》《左传》《朝花夕拾》《雅舍菁华》《安妮日记》等与课文相关的书籍，而学生选的有《死水》《纸牌的秘密》《伊豆的舞女》《雍正王朝》《苏菲的世界》《戴高乐传》《鹅掌女王烤肉店》《三体》等，这些书

籍大大拓展了学生的视角，既是课堂阅读教学内容的有益补充，又是对所学知识的拓展与延伸。这大大激发了学生的阅读兴趣、好奇心、求知欲，达到了为学生导航，让他们在浩瀚的书海中遨游的目的。

注重方法指导，逐渐形成阅读习惯

有了好的书籍，还需要教师有针对性地进行阅读方法指导。教师要指导学生根据阅读的内容和阅读的需要来决定哪些要泛读和略读、哪些要精读、哪些要精读略读相结合。在指导学生阅读《苏东坡传》时，我要求学生看原序、目录，浏览全书，从整体上了解全书的主要内容和行文思路，再以第四章"应试"为例进行精读指导。我以"林语堂在《苏东坡传》序言中说：'元气淋漓富有生机的人总是不容易理解的……一提到苏东坡，在中国总会引起人亲切敬佩的微笑，也许这话最能概括苏东坡的一切了。'请结合本文内容以及你对苏东坡的了解，谈谈你对林语堂这段话的理解"为切入点，引导学生反复阅读，对文章进行深入的理解和体会，对关键字词反复揣摩和品味，探寻作者的观点，读出"言外之意"，逐步形成并写出自己的理解。合理的阅读方法的指导不仅可以让学生对课外阅读更感兴趣，还可以提高阅读效率。

交流分享读书成果

学生读完书籍后会获得不同的情感体验和审美感受，教师应及时为他们搭建一个交流、分享的平台，比如举办优秀读书笔记交流分享会。我每学期都会利用一节课时间开展优秀读书笔记的分享与交流，并制定相应的规则，选出三到六名学生进行适当物质奖励。例如学生读完《怀念萧珊》写了《真人真语真性情》，读完《曹操：我这一辈子》写了《真实的曹操》，读完《明朝那些事儿》写了《于谦，千年之后谁还懂你？》等。优秀读后感的分享与交流既提升了学生个体的阅读品质，达到了以读促写，提高思考能力、写作能力的目的，也强化了班级读书氛围，让全体学生都感受到个体自由阅读所不具备的情绪体验，为后继的阅读、讨论奠定基础。

以上几个方面，都是我在日常的语文教学中开展课外阅读的一些有益尝试。通过实践，我觉得我的语文教学从中受益；更主要的是我的学生养成了良好的阅读习惯，他们将终生受益。所以，我们的语文教学只要能真正培养学生的阅读能力，扎扎实实地做好服务于课外阅读的各项工作，使学生"得法在课内，受益于课外"，就能逐步让学生爱上课外阅读，把课外阅读变成一种习惯，进一步提高学生的语文素养，使我们的语文教学进入"不需要教"的境界。

让学生真正成为学习的主人

北京市大兴区第一中学　　张利欣

不教学生预习，他们就经历不到在学习上很有价值的几种心理过程；专教学生听讲，他们就渐渐养成懒得去仔细咀嚼的习惯。综合起来，就是他们对于整篇文章不能做到透彻了解。（第51页）

阅读感悟与反思

教师讲得津津有味，学生听得味同嚼蜡；教师问得眉飞色舞，学生说得不知所云：这是语文教学课堂上常见的尴尬现状。学生上课绝不能头脑空空而来，在仓促慌乱之中应对课堂问题。只有当学生"经过了自己的一番摸索，或者是略有解悟，或者是不得要领，或者是全盘错误，这当儿再来听教师的指导，印入与理解的程度一定比较深切"（第7页）。

其实道理不难理解，如果学生作好了充足的准备再来上课，学生对文本有了较为深入、较为理性的认识，上课的时候不论是听讲、讨论、交流、思考都会更加积极、自信、从容，更加言之有物。这样生生之间、师生之间的交流碰撞才会迸射出别样的火花，实现情感的融合、思想的升华，学习的成就感也随之而来。由此，预习对阅读的重要性可见一斑。同时，传统的阅读教学设计重视环环相扣，师生往往按照教学设计步步为营地实施。这样做优点是可以引导学生迅速、准确地抓住中心内容，缺点是不能发挥学生的主动性，学生在教学过程中难有自己个性化的体验。阅读教学实质上是以文本为交流载体，学生、教师、文本三重对话、交流与分享的过程。在这一过程中讨论可以发挥重要作用，并且变身成为学生预习的延伸和拓展。有了预习打基础，课上讨论的时候，教师就可以针对学生存在的真真切切的疑惑之处进行指导，否则教师虽然课前作了大量准备，精心设计了流畅的教学环节、完善的教学内容，实际上只是教师一厢情愿的假设，学生的实际情况则有可能并非如此。我们也会在教学实践中经常发现，教师以为是难点的问题到学生那里却轻松解决了，而有些教师认为简单的问题，学生却会在这里踯躅徘徊，久久不得要领。课堂讨论是学生自主探索的展示，更是学生、教师、文本三重对话的桥梁，答疑解惑的媒介，讨论得好，阅读课才会上得融洽和谐、有声有色，课堂学习也才会真正变成学生从不知到知、从不会到会、从不能到能的主体探索，学生才可以真正实现"奇文共欣赏，疑义相与析"，成为学习的主体，课堂的主人。

实践运用与建议

叶老非常重视阅读教学中的预习和讨论环节，这也和我们现在强调的"以学生为主体"等理念不谋而合，那么作为一线的语文教师在教学实践中如何运用"预习与讨论"提升阅读教学的实效性呢？

运用阅读期待生成问题

我在教学实践中首先尝试运用阅读期待提高学生的预习效率。所谓阅读期待，是读者阅读之前内心所预想的情景、包含的期望。阅读期待下的阅读不再是机械地接纳文本，而是阅读者充分利用自己的理解、体验、意愿等，对阅读材料能动地进行重塑和再创造，是一种个性化思维的过程。当学生拿到一篇作品，作品的题目、作者、内容与学生的知识、精力、能力会相互作用，从而促使学生对文本产生一定的疑惑与思考。

阅读教学中我经常在学生学习新课前，让学生每人至少提出关于课文内容研析的两个问题，多多益善。为了避免学生提出同样的问题，刚开始我还会特意规定哪几组必须提一个第几段的问题，我想这样学生提的问题就可以覆盖全文了。当然，一次次的事实证明我的考虑是多余的。学生提出的问题几乎涵盖了所有我要讲的内容，更为难能可贵的是，学生会提出很多让我意想不到但是对理解文章内容却十分有用的问题。这些提问是学生初步的阅读体验过程中所产生的些许疑惑和不解之处，教师没有预设，也没有任何引导，完全是学生自主化、个性化的解读所自然生成的问题。由此可见，学生完全可以依靠自己已有的水平和能力完成阅读期待，而且内容全面，大多数问题能覆盖重点、难点，就连平时学习成绩很一般的同学都能提出非常有价值的问题，思考的层次很深。就教学相长的角度来说，学生阅读体验所产生的阅读期待，给我的教学设计带来了不小的冲击，也带来了诸多启迪，我的教学内容因此变得更加丰富和全面，也更加贴近学生的实际了。

细化学习任务研究问题

预习不只是提几个问题整体感悟文本就行的，要想让学生理解得透彻，就需要指导学生对预习进行细化与深化。我在指导学生预习时主要运用的是"责任到人"的方法。把学生分成几个小组，然后教师分配大任务，组长再根据组员情况进行细分，争取做到人人有任务，并且上课时尽可能多地让学生有展示的机会。当然针对不同题材、样式的文本，学生要预习准备的具体内容也有所区别，根据内容的不同每个小组的学生分工就必然不同。比如古诗词，我按照背景与作者、主题、内容理解、名句鉴赏、感悟与启迪等分组细化任务，如果诗句多可以再细化每组具体到哪几句诗，然后从翻译、典故分析、练字、赏析、情感等方面分配任务，让学生各司其职认真完成。这样听来好像很烦琐，实则不然，刚开始的时候学生对自己的任务往往摸不着头脑，经过一段时间的培养和锻炼，学生慢慢地就能领会了，后来只要把文本分好大任务，各小组就自己领任务自行展开预习，不需要解释和布置。再后来学生形成习惯就能给文本进行任务切割，然后自行认领，组长和组员会协调完成各自的任务。教师只需要在小组认领出现冲突的时候简单协调一下就可以了。看得出来，由被动接受任务到主动切割文本、认领任务、完成任务，学生在这一过程中不仅仅是完成了教师布置的任务，还实现了面对不同文本自主阅读的觉醒，并逐渐提升了能力和素质。

夯实课堂讨论解决问题

课堂是学生预习成果展示的最佳舞台。因为学生有了较为充分的准备，上课不再是头脑空空，而是装着部分疑问与收获的，上课的过程就变成了教师与学生共同解惑答疑的过程，整节课学生的参与度是满格的。可见，交流与讨论在阅读教学中的重要作用不容忽视。预习的任务是细化的，有的教师可能认为每个小组的预习任务是局部的文本内容，这会影响他们对整篇文本内容的理解。解决这一问题就需要教师在课堂上展开讨论时进行科学合理的操控。我认为上课绝不能变成一个一个小组的碎片式汇报，教师在组织教学的过程中还是要面向全篇面向全体，只是涉及那些小组的问题，如果其他学生有疑问、困惑、异议或者一些重要内容需要展示时，小组的预习成果就要进行及时必要的展示或者讨论。每个学生都是教师解决问题的得力助手，也是帮同学解决疑惑的及时雨。这样实践下来，虽偶有学生偷懒，但是绝大多数学生上课都是摩拳擦掌跃跃欲试的，课堂的质量也有了保障。课堂上经常会出现激烈的讨论甚至争论，这都是由于学生课前有了准备的缘故，所以彼此才能碰撞出耀眼的火花。而对于学生在阅读中生成的问题，课上要留出时间充分进行讨论，如果实在有难度就让学生现场运用通信工具进行查阅，查阅完后大家研讨然后得出一个较为合理的结果，这样在自主学习、合作探究、小组交流的过程中学生的语文素养就得到了无形的提升。

我们常说给学生一杯水，教师要准备一桶水，我现在觉得一桶水是远远不够的。因为学生是学习的主体，课堂如果是生态的、开放的，学生会提出什么样的难题，教师是无法全部准确预测的，那么教师需要准备的就是——将源源不断的活水注入课堂！

"下水"方知文短长

陕西师范大学附中　　王　芳

在成都听一位中学老师谈，他学校的领导向语文老师提出"教师下水"的要求，很有意思。"下水"是从游泳方面借过来的。教游泳当然要讲一些游泳的道理，但是教的人深谙水性，跳下水去游几阵给学的人看，对学的人好处更多。语文老师教学生作文，要是老师自己经常动动笔，或者作跟学生相同的题目，或者另外写些什么，就能更有效地帮助学生，加快学生的进步。经常动动笔，用比喻的说法说，就是"下水"。（第353页）

阅读感悟与反思

叶圣陶先生针对语文教师"述而不作"和作文教学效率不高的现状，提出"教师下水"的主张，倡导语文教师"经常练笔"，取得"写作的切实经验"，以"给学生真正有益的帮助"。语文教师"下水"作文的直接产物是"下水文章"，而"下水文章"的多样性及其写作要求上的具体针对性和合理性，则体现了教师"下水"作文这一创造性实践的丰富性和深刻性。

教师有"下水"作文的锻炼和写作的真切体验，学生需要解惑之时就能随时给他们以精当切要的指点；必要时，还可像游泳教练在水中给运动员做示范动作那样，亲自"下水"写一写，然后给学生讲一讲，让学生品评议论，在比较中领悟道理，明确方向。并且，由于师生是面对着面，有问有答，同堂切磋，其信息发射、接受、反馈的及时性，释疑解惑的速度和有效性，都将大为提高。

写"下水文章"目的要明确，教师为什么要写这次"下水文章"，为要解决学生写作中的什么问题，必须心中有数。每次"下水"示作，要解决的问题应相对集中，即每次解决一两个问题，这样写时笔力集中，指导时目标明确，容易见效。

"下水文章"必须堪称榜样，具有良好的示范作用。这就要求"下水文章"在内容和形式上都要多加斟酌，紧扣训练要求，以便学生学习和借鉴。

实践运用与建议

与阅读教学相关的"下水"

结合阅读教学文本选取一个写作角度，先行"下水"，再从单元的"下水"文中选取一个难易适中、学生易于落笔的点，对学生进行写作指导。学生从模仿开始，并渐渐跳脱出来，形成自己独特的写作风格。这样的"下水"既切合师生阅读习得，又符合学生认知规律。正如叶圣陶先生所说，作足了写作前的准备，教师改作文不费事，学生也从中获益。

比如，在教授人教版八年级下册第一单元时，围绕《藤野先生》《我的母亲》《我的第一本书》《列夫·托尔斯泰》和《我的童年》的写作特点，选定"如何描写人物"作为单元写作要点，并以《列夫·托尔斯泰》一文为突破口，指导学生学习"抓住形象特点细腻描摹人物肖像"的写作方法。

首先，选定文本中结构相似特点鲜明的两个句子："宽约一指的眉毛像纠缠不清的树根，朝上倒竖"；"一绺绺灰白的鬈发像泡沫一样堆在额头上"。

在分析句子的基本构成要素——"选定对象，修饰对象，用比喻句摹写对象，用动词活化对象"后，教师先行"下水"：

她眼角舒展的皱纹，像一尾活泼的金鱼，一荡一荡地游弋着。
她略显弧度的唇像抹了蜜似的闪着甜甜的光彩。

学生便有了这样的文字：

这，是一张刚柔并济的脸，干糙的络腮胡仿佛是从棉花糖上揪下来一片，又粘连到了鹰钩鼻下，排云般连绵柔软的卷发梳理在脑后。两条又细又长的眉与须发对比鲜明，犹如翻滚的浪花中携卷着的两片柳叶。略高的颧骨让眼睛更加突出，刚毅而犀利的眼神仿佛能看穿一切伪装。这就是泰戈尔柔中带刚的面庞。

"下水"作文，自然知道学生习作中描写的难处，也自然会懂他们为何难将体悟表达。深知甘苦，方能体会甘苦，对学生的作文指导也会有的放矢。

与习作升格相关的"下水"作文

学生的文字，很少有能一次完整成型的。在完成初稿之后，往往需要不断地提炼、加工与修改。

例如对"在古城的拐角处，放眼望去，只看见一片金黄，与一抹深绿"一句的升格：

古城一隅，只见一片金黄，一抹深绿。

"一隅"比"拐角"更富文学色彩；"只见"比"只看见"更为简洁且包含"放眼望去"的动态之意；连词"与"的作用逗号已可替代，故删去。升格后的语句更为简洁和富有文采。

再如对《最美的声音》一文中"现在听到那风吹树叶的声音，想到那时的奶奶，那时她的笑脸，那时的童年。都是最美，最幸福的！"一段的修改：

风又乱了起来，我又听到了那种清亮而有节奏的响声，突然觉得该回老家陪陪奶奶了。

可如今，奶奶的那棵树枯萎倒下了，风儿再也吹不出那些树叶的声响了，我再也没有机会倒在她的怀里了……

斯人已逝，可那声音还在，一声一声，那么美，那么动人……

在"下水"升格后的文字里，风吹树叶的声音带给我的关于奶奶的回忆的线索作用更为明晰，语言表达更为真切丰实，情感抒发更为真挚动人。在这样的"下水"升格中，学生对人物的观察更细致了，对景物的描写更传神了，对事件的叙述更准确了……

在学生练习作文的过程中，教师通过"下水"升格的方式向学生传授揭示写作规律的一般性的写作知识，可以避免学生费时费力地一切从头摸索，也可以用实际行动给学生以激励和启迪。

与师生生活相关的"下水"作文

"下水文章"宜写师生共知的人、事、景、物，这样便于教师体会学生写作中可能遇到的各种情况，便于现身说法谈感想，也便于学生领悟教师那样处理的妙处，听起来亲切入耳，容易接受。

教师"下水"时，在作品的形式和内容上与学生的学习基础和接受程度力求高度吻合。从熟悉的生活场景入手，唤醒学生的已有认知，语言通俗浅近、明白畅晓，内容的阐释和表达符合学生的认知程度，这样的写作引领就更为有效。

我坚持每周写一篇随笔，坚持每次在学生作文练笔后都有自己的一篇"下水"作文，坚持每次作文讲评有一篇升格作文，还坚持将学生的优秀作文整理后发布在我的微信公众号——"王芳作文教学手记"上。有关作文的事，我的实践越多，经验越丰富，给学生的帮助就越大。我实践着，快乐着。文章短长之事，全在"下水"文那些绵密的字里行间。

附：叶圣陶教育箴言

（1）国文教学的目标，在养成阅读书籍的习惯，培植欣赏文学的能力，训练写作文字的技能。（第14页）

（2）学生从精读方面得到种种经验，应用这些经验，自己去读长篇巨著以及其他的单篇短什，不再需要教师的详细指导，这就是"略读"。就教学而言，精读是主体，略读只是补充；但是就效果而言，精读是准备，略读才是应用。学生在校的时候，为了需要与兴趣，须在课本或选文以外阅读旁的书籍文章；他日出校之后，为了需要与兴趣，一辈子须阅读各种书籍文章；这种阅读都是所谓应用。使学生在这方面打定根基，养成习惯，全在国文课的略读。如果只注意于精读，而忽略了略读，功夫便只做得一半。其弊害是想象得到的，学生遇到需要阅读的书籍文章，也许会因没有教师在旁作精读那样的详细指导，而致无所措手。现在一般学校，忽略了略读的似乎不少，这是必须改正的。（第14页）

（3）上课做什么呢？在学生是报告讨论，不再是一味听讲，在教师是指导和订正，不再是一味讲解。报告是各自报告预习的成绩，讨论是彼此讨论预习的成绩，指导是指导预习的方法，提示预习的项目，订正是订正或补充预习的成绩。在这样的场合里，教师犹如一个讨论会的主席，提出问题由他，订补意见由他，结束讨论由他。当这样的教师当然比较麻烦些，"讨论要点"或"讨论大纲"都得在事前有充分的准备；学生在这样的教师的面前，却真个能够渐渐地"养成读书习惯"，为了学生，似乎不应该避免麻烦。（第61页）

（4）咱们看课程标准里所定的方法，课前要使学生预习，课内要"引起其自学之动机",指导学生作种种的研究,课后又要"令学生自行研究"(高中课程标准里所举的方法,意义大致相同),可见上课是教师与学生的共同工作,而共同工作的方式该如寻常集会那样的讨论,教师仿佛集会的主席。(第70页)

(5)学习国文该认定两个目标:培养阅读能力,培养写作能力。培养能力的事必须继续不断地做去,又必须随时改善学习方法,提高学习效率,才会成功。所以学习国文必须多多阅读,多多写作,并且随时要求阅读得精审,写作得适当。(第89页)

(6)学语文为的是用,就是所谓学以致用。经过学习,读书比以前读得透彻,写文章比以前写得通顺,从而有利于自己所从事的工作,这才算达到学语文的目的。进一步说,学习语文还可以养成想得精密的习惯,理解人家的意思务求表达得透彻,表达自己的意思务求表达得准确;还有培养品德的好处,如培养严肃认真、一丝不苟的态度等。这样看来,学习语文的意义更大了,对于从事工作和培养品德都有好处。(第103页)

(7)语文教材无非是例子,凭这个例子要使学生能够举一反三,练成阅读和作文的熟练技能;因此,教师就要朝着促使学生"反三"这个标的精要地"讲",务必启发学生的能动性,引导他们尽可能自己去探索。(第113页)

(8)现在也有考试,期中考试,期末考试,还有升学考试。但是,我以为现在学生不宜存有为考试而学作文的想头。只要平时学得扎实,作得认真,临到考试总不会差到哪里。推广开来说,人生一辈子总在面临考试,单就作文而言,刚才说的写封信打个报告之类其实也是考试,不过通常叫作"考验"不叫作"考试"罢了。学生学作文就是要练成一种熟练技能,一辈子能禁得起这种最广泛的意义的"考试"即"考验",而不是为了一时的学期考试和升学考试。(第114页)

(9)阅读习惯不良,一定会影响到表达,就是说,写作能力不容易提高。因此,必须好好教阅读课。譬如讲文章须有中心思想。学生听了,知道文章须有中心思想,但是他说:"我作文就是抓不住中心思想。"如果教好阅读课,引导学生逐课逐课地体会,作者怎样用心思,怎样有条有理地表达出中心思想,他们就仿佛跟作者一块儿想过考虑过,到他们自己作文的时候,

所谓熟门熟路，也比较容易抓住中心思想了。总而言之，阅读是写作的基础。（第356页）

（10）学生须能读书，须能作文，故特设语文课以训练之。最终目的为：自能读书，不待老师讲；自能作文，不待老师改。老师之训练必做到此两点，乃为教学之成功。（第520页）

（11）尝谓教师教各种学科，其最终目的在达到不复需教，而学生能自为研索，自求解决。（第524页）

（12）"语文"一名，始用于一九四九年华北人民政府教科书编审委员会选用中小学课本之时。前此中学称"国文"，小学称"国语"，至是乃统而一之。彼时同人之意，以为口头为"语"，书面为"文"，文本于语，不可偏指，故合言之。（第530页）

（以下选自朱永新：《叶圣陶教育名篇选》，人民教育出版社，2014年版）

（13）教育是有最终的目的和价值的准绳的，教育者的义务便是使儿童得到合理的系统的知识，确定他们的新人生观。如果能给儿童布置个极其适当的环境，自己却忘记了自己是教师，而且使儿童也忘记了我是个教师，只觉得我是他们的环境之中的一个同情的互助的伴侣，这才是今后所需要的教育者。（第27页）

（14）要重视德、智、体全面发展。现在似乎是重视智育，对德育和体育有些忽视。（第49页）

（15）受教育的意义和目的是做人，做社会的够格的成员，做国家的够格的公民。（第55页）

（16）我无论担任哪一门功课，自然要认清那门功课的目标，如国文科在训练思维，养成语言文字的好习惯，理化科在懂得自然，进而操控自然之类；同时我不忘记各种功课有个总目标，那就是"教育"——造成健全的公民。（第89页）

（17）我国古来就有所谓"身教"，就是说教师教学生不能光靠语言，还得以身作则，真正的教育作用在语言跟实际生活的一致上。（第117页）

（18）我们想，需要充实的健全的人，再没有比现在更急切的了。（第197页）

（19）普通学校设艺术学科，目的当然不在于使学生成为画家、音乐家。教学生学习图画，在于使他们精密地观察物象，辨认形象的美和丑，和谐和凌乱，并且能够把所见所感的约略地记录下来。教学生学习音乐，在于使他们能用声音表达出感情和意志，尤其当合奏合唱的时候，个体融和在群体之中，可以收到人格扩大的效果。（第201页）

（20）增设了思想品德课，该不会把培养学生好思想好品德的责任全搁在担任该课的老师的肩膀上吧；我想如果这样做是非常不妥当的，我相信一定不会。换句话说，就是虽然增设了思想品德课，还是要全校老师通力协作。（第219页）

PART 2

第二辑

跟陶行知学做教师

"捧着一颗心来，不带半根草去"，陶行知一生献身教育，学而不厌、诲人不倦、勤勉刻苦、鞠躬尽瘁，为我国教育现代化作出了开创性的贡献。郭沫若先生说："两千年前孔仲尼，两千年后陶行知。"宋庆龄赞誉他是"万世师表"，毛泽东称之为"伟大的人民教育家"。

《陶行知教育文集》共598页，收录了先生1916年（25岁）至1946年（终年）的教育文稿，汇集了其教育教学思想的精髓，蕴涵着深刻的哲理，闪耀着智慧的光芒。行知先生以渊博的学识、严密的逻辑思维、深厚的理论功底，融合古今中外思想，对教育方法、教育理念进行了系统深入的剖析，提出了"生活即教育""社会即学校""教学做合一"等主张。陶行知教育思想不仅是中华民族教育史上的一朵奇葩，也是世界教育之林中的一面旗帜。

以科学之方提升语文核心素养

河北省保定市博野中学　　陈　英

夫国之盛衰，视乎教育；而教育之新旧，视乎研究。守陈法而不革，拘故步而自封，则亦造成旧国，不适于新势而已。……惟有以科学之方，新教育之事，庶几可耳！参酌古今，辨析毫芒，躬验体察，条理秩然，终身以之，勤劬专一，斯真教育之人矣。（胡晓风：《陶行知教育文集》，四川教育出版社，2007年版，第39页。以下只注明页码）

阅读感悟与反思

国运盛衰，系于教育。教育是民族振兴和社会进步的基石，是经济发展与教化养成的土壤，是净化人类灵魂、提升思想境界的利器。教育兴，则国兴；教育强，则国强。中国被称为文明古国，经千年颠沛而魂魄不散，历万种灾厄而总能重生，就是因为我们重视教育。

陶行知先生目睹旧中国教育"守陈法而不革，拘故步而自封"的现状，对腐朽没落的旧教育、旧课程提出了尖锐的批判，通过一系列的调查实践，创立了"生活即教育""社会即学校""教学做合一"等教育理论，既适合中国国情，又顺应世界现代化潮流。陶行知先生是中国教育界的一面旗帜，是中国近代教育的圣人，更是我们做人、求知、从教的榜样。

作为新时代的教育者，我们必须追随陶行知先生的足迹，依循学生的智力潜能及发展方向，千方百计革除教育积弊，想方设法提高教育水平，最大限度地唤起学生的学习热情，激发他们的积极性、主动性和创造性，使学生的身心在学习活动中得到主动、和谐、健康的发展。

传统教育善于"一言堂",习惯"满堂灌",无论是源自对学生勇于质疑、挑战权威的恐惧,还是出于对课堂组织纪律、学生认知水平的忧虑,都使得中国的教育陷入一片死寂。不可否认的是,我们的语文教学仍然存在一些偏颇——过度文学化、单纯工具化、生硬说教化、知识碎片化等等。要打破现有的教学僵局,唯有接受现代先进思潮,融合中外教育之方,以科学之法,兴教育之事,把提升学生素养真正落到实处。

具体来说,必须做到以下三点:

第一,转变教育理念。新一轮高考改革,考试难度下降了,但是教学的难度提升了。新的形势,要求教师要有格局,有视野,有思想认识的高度和教育理论的厚度。题海战术不再有效,素养提升任重道远。教师要转变教育理念,重新定位角色,真正由主体转向主导,由教学转向助学。注重培养学生的学习兴趣,通过实验、动手练习等形式帮助学生构建知识体系,掌握学科知识的运用规律,达到举一反三、触类旁通的效果。

第二,灵活运用教材。"教材无非是个例子",语文教学是用教材教,而不是教教材。懂得了这一点,教师就不会照本宣科,也不会让学生死记硬背、生搬硬套。陶行知先生说:"生活即教育,社会即学校。"生活的范围有多宽,语文的舞台就有多大。把教材上的内容向教材外延伸,与充满生机的现实生活接轨,就可以无限扩大教材的容量。只有将社会生活的活水引入课堂,课堂才会充满灵性,才能够涵养玉化心智,丰盈充实心灵。

第三,创新教育形式。语文学科核心素养的提出使当前的教改更加科学化,提升学科素养成为教改的灵魂和生命所在。语言建构与运用、思维发展与提升、审美鉴赏与创造、文化传承与理解,这四项相互联系、不可分割,犹如金字塔的四个底边,只有根基扎实,才能创造令人仰视的辉煌。所以,要摒弃传统的"一言堂""满堂灌",放弃虚假的"群英会""满堂彩",让教师的"教"服从于学生的"学",让教与学服从于社会生活的实际需要。根据教学内容,结合学生实际,不断创新教育形式,才能真正发挥语文学科独特的育人作用。

语文教育是一门科学,而科学一定有可遵循的规律,有寻幽探微的捷径。我们要努力把握认知规律，采用创新的思维，运用科学的方法，找到解决问题的"金钥匙"，让语文绽放恒久的魅力和光华。

为此，我在教学实践中努力探索，寻找到一些可行之法，不求字字珠玑，只是略陈固陋，以求教大方。

实践运用与建议

问渠哪得兴如此，为有需求动力来

不少高中生轻视语文，对语文学习缺少积极性和主动性，甚至认为语文学不会没啥影响，所以语文课上比较倦怠，语文作业常常偷懒、拖延。唯有帮助他们明悉未来发展需求，辨析学科地位轻重，才能真正激发学习兴趣，产生源源不断的学习动力。

多年带高三毕业班，看过太多因语文分数低而与心仪学校擦肩而过的实例，我结合高考录取"相同分数先比语文成绩"的事实，让学生明白：低段位拼选考，高段位拼数学，语文决定巅峰。语文是顶尖高手取胜的法宝，语文成绩决定着未来大学的质量和层次。不仅如此，语文与生活息息相关，甚至影响人的社会生存能力。高中生已经开始考虑升学需求、人生规划及发展前景，当他们真正沉下心来深入学习，就会发现知识的缺憾、视野的狭窄、能力的不足，语文学习就会化被动为主动，从消极走向积极。

苏霍姆林斯基说："只有能够激发学生去进行自我教育的教育才是真正的教育。"真正的教育始于一个人为理想所鼓舞，能认清自己，思考自己生活的意义和目的，审视自己是一个什么人，明确应当成为一个什么人。认识世界，认清自我，才可能有对知识恒久的兴趣。

当然，教师还要想方设法，通过各种活动，比如课前演讲、新闻发布会、时事评论、课堂试讲、班级辩论赛等等，让学生在参与活动中得到锻炼，在锻炼中获取成就感，在成就感中体味学习语文的乐趣，从而乐此不疲、孜孜以求，在探索求知的路上越走越远。

千锤万凿出深山，明悉规律巧积淀

中国地域辽阔，历史悠久，各民族都有自己的文化密码，正是这些丰富多彩的文化信息造就了汉语文化的博大精深。鲁迅先生曾说："只有民族的，才是世界的。"因此，理解并传承中华文化，弘扬民族精神，提高思想文化修养，是培养核心素养中一项关键的任务。而名句名篇的背诵默写、古代文化常识的积累储存，是语文教学中的一项重要内容。

实际教学中我们发现，这些内容琐碎繁杂，很难做到博闻强识、过目不忘，学生也往往望而生畏。作为教师，要改变学生死记硬背的习惯，帮助学生在理解的基础上记忆，在运用中巩固和提高。比如学习《离骚》，学生普遍感慨：课文好长，好生涩拗口，好难背诵啊！但是班里有几个男生很快背熟。问他们诀窍，其中一个说：超简单！理清顺序，按思路背——

说实话→被贬→自己的想法→被小人陷害→不与那些人一起奉承君王→宁愿自己死→拿鸟和自己比→继续想以死谢王恩→第一段终结

终于受不了了，终于舍得远离君王了，觉得自己选错人了（抱怨）→行走路径→脱官服→穿喜欢的衣服→继续抱怨→毕竟待了那么久了，留恋一下→明志→全文完

大家按他所说的背诵，果然收效明显。可见，在理解的基础上按行文思路背诵更容易些。另外，我们还可以让学生采用"对歌"式背诵法，甲、乙两个学生每人一句，轮流背诵；或者采用"接力赛"式背诵法，模仿体育运动中接力赛跑的方式，由三个学生每人一句，上递下接，循环往复；或者抽签点名背诵、小组竞赛背诵等。这些方式趣味性强，参与面广，还能增强学生的群体意识，效果都不错。当然，记忆有暂时性和长久性之分，我们还应该根据艾宾浩斯遗忘曲线，提醒学生及时复习。如此知规律，懂方法，强记忆，在背诵中积累，在竞赛中熏陶，在品味中感悟，自然能增强文学底蕴，增厚文化积淀。

身附彩凤双飞翼，心有灵犀一点通

语言建构与运用、思维发展与提升如同彩凤双飞，相互依存，相辅相成，都是语文核心素养的重要组成部分。思维的结果需要语言表达出来；而语言表达能力强，思维水平一定高。语文教学应当紧紧围绕核心素养，以科学理论为引导，理思路、讲规范、重逻辑、拓视野、广阅读、巧运用，不断反省、不断优化，形成丰富多元的语文教学供给侧结构，帮助学生达到心有灵犀、明澈通达的程度。

写作能力是语文素养的综合体现，而写作教学却是语文教学中公认的难点。学生怕作文，烦作文，写不出作文，写不快作文，写不好作文；教师怵作文教学，不重视指导，评改成效不高，引领作文走向不明，评价不客观。一些教师忽视学生的主体地位，将违背学生特点、脱离现实生活的作文题目、写作模板强加给学生。学生或是无从下笔，或是丧失个性，或是东拼西凑、胡编乱造。长此以往，学生畏难情绪不断增加，思维中仅有的写作灵性也被无情扼杀。

要改变这种现状，首先要启发引导学生，尽力张开思想的翅膀，在形象的空间和理性的王国尽情飞翔，多角度、多起点、立体性、全方位地思考问题。尤其对社会热点问题，多问几个"是什么""为什么""怎么样""怎么办"，让思维有广度、思想有深度。而思考后，可以借鉴优秀作文的语言和形式，从仿句、仿段到仿文，再到形成自己的特色。《礼记》中说："学，效。习，鸟频起飞。"反复不断地效法或模仿，是使知识得到巩固、技能达到熟练的必经之路。只有在模仿中借鉴，在借鉴中创造，在创造中提高，语文核心素养才能真正形成。

天下事物瞬息万变，教育之途也前后不同。我愿意一路行走，一路探求，一路播撒，努力汲取传统教育之精华，融合世界研究之精髓，形成科学有效的教育理念，在提升学科素养的园地中，开出一朵绚烂夺目的鲜花。

终身学习，永葆初心

河北省石家庄市教育科学研究所　　李　慎

现在中国许多学生及一般教员，有一个很大的通病，就是容易"自满"。不论研究何种学科，只有相当的了解，即扬扬自得、心满意足。尤其是在过教员生活的，觉得自己处在教师地位，不必再去用功研究了。中国"四书"上有两句话说："学而不厌，诲人不倦。"这真是千古不灭的格言，并且是两句不能分开的话。因为要"学而不厌"，才能做到"诲人不倦"。……倘若当教师的，自己天天去研究，有所得的，即时输之于学生，如此则学生受益较多，即当教师者也觉得有无穷的乐趣。所以学生求学，固然要学而不厌，就是当了教员，还是要继续的"学而不厌"，这可说是我现在要讲的"学生精神"的先决问题。（第127页）

阅读感悟与反思

教书者首先应该是一个学习者，而且应该是终身学习者、终身研究者。

学能止怠

我们现在常常听到一个词"职业倦怠"，这和陶行知先生提到的"当教师的也觉得不胜其烦，没多大趣味"表达的是同一种感受。打个比方，一个人在沙漠里走，第一天还新鲜，三五天过去了，自然会厌倦，会疲劳。我们做教师的，三五年时间做某一件事，今天这样，明天还这样，今年这样，明年照旧，时间长了，怎会不厌倦、不疲劳？解决问题有良方，那就是学习。

抱着学习的心态来从教，时时进行新尝试，时时有新发现，自然就会保持新鲜感和好奇心。只有不断学习研究，我们才会发现新风景，欣赏新风景，并且坚信最美的风景就在远方。这样，你就会保持激情，就会产生动力，就会有不断前进的欲望。学习研究能使我们更好地保持工作的激情和动力！

学能创新

"学生的智力生活的一般境界和性质，在很大程度上取决于教师的精神修养和兴趣，取决于他的知识渊博和眼界广阔的程度，还取决于：教师到学生这里来的时候带了多少东西，教给学生多少东西，以及他还剩下多少东西。对一个教师来说，最大的危险就是自己在智力上的空虚，没有精神财富的储备。"（苏霍姆林斯基语）只有当教师给学生带来思考，用问题来驱动思维，用思考来启迪学生，用思考来引领学生成长的时候，他才能成为年轻心灵的征服者、教育者和指导者。那种热爱自己的事业而又善于思考的教师，才有力量使孩子们保持灵性，使儿童特别是少年和青年用心地倾听他的每一句话，才有力量激发学生的良心和羞耻心，这种力量是一种无可争议的威信。只有教师不断地学习新的东西，才能不断地激发孩子头脑中的未知领域。

学无止境

作为一名教师，幸福的感觉来自哪里？其中一个很重要的方面就是专业能力的提升。我把这种感觉归结为"上台阶"。我常想，什么样的回望是幸福的？就是一转身，身后是一路的台阶，今天的我比昨天的我优秀，昨天没有处理好的问题今天处理好了，昨天棘手的问题今天找到了解决的方法，这都是成长的感觉。成长的感觉给人精神上的幸福感。进而我想到，自己的每一堂课，也应该让学生有一种上台阶的感觉，让他们每一节课都感觉自己内在的潜力一点点在发掘，自己的能力一点点在提升，每一节课都是一次攀登，每一节课都是一次超越，因为每一天都看到了更广阔的风景，便觉得所有的汗水都闪着奋斗的荣光。对每一堂课，应该如茶道中的"一期一会"，饱含敬畏。在师生的相携中，在每天一小点的进步中，找寻"焦虑""功利"

教育中可以把握的小小幸福。学习，让人打开一扇又一扇的窗，带领自己和学生进入生命中一个又一个未知的领域。就如同陶行知先生所说："倘若当教师的，自己天天去研究，有所得的，即时输之于学生，如此则学生受益较多，即当教师者也觉得有无穷的乐趣。"

实践运用与建议

在课堂中学习：交流碰撞巧激趣，教学相长共提升

陶行知先生教育思想的核心就是教师首先是一个学习者，而且是一个终身的学习者。没有了这一点，教学就成了简单的预设与灌输，甚至会成为禁锢师生思想的牢笼。做一名研究型教师，首先要有观念的转变，那就是由单纯的师生关系，转变为学习共同体。

这种转变应该首先体现在思想上，那就是教师在课堂中也要有学习者的心态。当教师与学生第一次以相同的学习者的身份出现时，教师必然需要回归真实，于是，就会出现一个有情感、有态度但不一定完美的"教师"与一群同样有情感、有态度又不完美的学生互相学习，沟通交流。将自己置身于学习之中，置身于学生的群体中，将学生带入共同学习的状态，教师可以有情感表达，可以有立场态度，可以去质疑追问，可以坦言自己的无知，甚至求教于先知学生，课堂就会产生许多预想不到的丰富而有价值的生成。最本真的教师才会走近学生，打动学生，感染学生，从而促进学生成长。

比如，关于诗词格律薛之然同学非常精通，关于历史军事史志清同学非常精通，我们经常相互学习切磋，两名同学常常登上讲台为大家指点迷津。之然同学还写了几百字的长诗，并且能用适合学生的方式讲解诗词格律，受到同学们的赞誉。有时还要和我切磋一番。这种相互学习的状态，让我们体会到了教学相长的快乐。我虚心求学的态度对学生也有很深的影响，他们学习的态度有很大改变，班级的学习氛围日渐浓厚。大家相互切磋，共同进步，课堂活跃了起来，教学也不再枯燥。

在生活中学习：教育生活勤留意，反思成长智慧生

教师的学习应该落实在每一天的教育生活中。

教师们都认为自己爱学生，在教育过程中投入了大量的精力和情感，可还是经常发现学生似乎不领情，师生关系达不到理想的融洽程度。细细想来，是因为我们在实际工作中方式往往简单粗暴，方法中主观印象的含量远远高于智慧的含量。我们对于学生的问题，总是不能事先预设多种可能，而是只作单项归因，甚至不想知道原因，只想收获理想的结果。只要达不到要求，上来就管、就批，从我们的教育方法中较少找到专业依据，即使没有学过教育专业的人，也完全能用这种方式工作。比如不理智地生气发火，比如不假思索地批评，比如情绪化地罚抄作业，比如不讲方式地刻意表扬某些同学，比如简单化地采用言语精神体罚，比如威胁式地给家长打电话……

这都属于非学习非研究型教育，与其说是在教育，不如说就是管教约束。所以，做一个与时俱进的学习型教师，就必须不断学习，提高专业水平，提高工作的科技含量与智慧含量，不断反思并且在反思中趋近理性，寻找解决问题的多种可能性，辨析各种方法或途径的最佳效果，而不是想当然地给予处理。

有了做学习型、研究型教师的思维方式，我们就会少几分怨天尤人，如渴望丰收的农民对待田间需要施肥等待浇灌的庄稼，就会更多地倾注爱与期望。教师教育学生靠什么？教法？手段？策略？学识？也许都有，却总感觉少了点最基础的东西，是什么？是灵魂。一个有信仰的民族才能散而不乱，同样一个有灵魂的集体才能健康积极。只有不断学习的教师，才能让自己的灵魂始终丰盈而充满活力，进而懂得接纳和善待。不逃避，不埋怨，去直面，去建设，让自己的思维多元化、立体化，教育之花拭目以待。

在阅读中学习：书山有路勤为径，终身学习事竟成

研究并不是学者的专利，最贴近教育实际、最贴近学生生活的，无疑是我们这些天天泡在课堂上、天天与孩子们打交道的教师。丰富的教育生

活经历和经验，正是教育教学研究的源头活水。古今中外许多著名的教育家，大多亲自办过学校或者做过教师，有自己的教育实验场。同样是有十年教龄的教师，优秀的教师年年备新课，年年在出新教案，每天每月每年都在根据学生的新变化创造性地设计自己的教学活动，教了十年，其实是创造了十年。平庸的老师常常是十年一贯制，年年老方法，年年老内容，每天每月都在重复自己走过的路，这样难免会陷入疲惫，产生职业倦怠。

我们应该把自己所学的运用到自己的实践当中，确定自己的课题，将教、学、做三者结合起来，从小处突破，寻找适合自己的课题。比如我们申请的"点评式阅读法"，这种方法突出学生的"自我思考"，在教师的引导下，自读、自注、自评，读读、写写、圈圈、点点成了课堂教学的主要活动，学生在读中感，在思中悟，在辨中明，在说中得，彻底改变了传统课堂重教轻学、学生被动接受知识的局面，更重要的是学生用心经历了学习语文的过程，为其他科目的学习打下了基础，为终身学习、发展奠定了基础。

传统课堂教学过于强调接受学习、死记硬背、机械训练，这样做抹杀了学生的个性。新课程标准突出强调培养学生的创新意识，而个性则是创新的前提和基础。评点式阅读教学关注来自学生的声音，促使学生个性张扬，真正使"以人为本"的教育理念深深植根于语文教学中，形成个性化的阅读方法，使得个性化的理解合理化、成熟化。

点评只是一种读书方法，也是一种个人行为，但当学生对中国古代传统的文学批评方法有所了解、有所掌握后，他们学会了从中国民族审美与文学鉴赏的路径去把握作品，去品味内涵，去赏析语言。这不但有利于学生人格的成长，同时也培养了他们对民族文化的自信心与自豪感。

有了研究的课题，学习也就有了起点，教学也就有了着陆点；带学生起飞，与学生一起在语文的海洋里遨游，和学生在多重交流中净化、升华。

教师，要有学习者的心态，要永葆初心，在课堂中学，在日常生活中学，在书本中学，让学习成为教学生涯中不可或缺的组成部分。

做个善变的教师

山东省临清市武训实验小学　　任淑娥

教育是什么？教人变！教人变好的是好教育。教人变坏的是坏教育。活教育教人变活，死教育教人变死。不教人变、教人不变的不是教育。

师范教育是什么？教学生变成先生。先生是什么？自己会变而又会教人变的是先生。师范生不是别的，是一个学变先生的学生。（第253页）

阅读感悟与反思

陶行知先生提到的"变"其实就是我们所说的灵活性，他的这种教育思想关键在一个"活"字，教育者的思想要活，理念要活，方法要活，教育的目的要活。他用大家所熟悉的孙悟空来打比方说明教师的工作使命和要求。

第一，孙悟空有目的、有远虑、有理想。做了美猴王，成了齐天大圣，在仙山福地，古洞神洲，不伏麒麟辖，不伏凤凰管，又不伏人王拘束，自由自在，乃无量之福，可是他还忧愁。为什么？就是因为暗中还有阎王老子管着他的命，一旦身亡，他觉得枉生世界之中，所以他要做一个不老长生，躲过阎君之难的美猴王。这就是孙悟空不满足于现状，今后要达到的目的。作为教师的我们应该向孙悟空学习，要有远虑，有理想。现今社会是个信息开放的社会，我们的学生生活体验及课外所学知识是丰富多彩的，我们教师想给学生一杯水，那就不是要有一桶水那么简单了，我们要有波涛汹涌的江河水，有奔腾而下的瀑布水，有勇往直前的长流水……光有了这些水还不行，还要把这些水变成我们的千军万马，随意调遣，变幻无穷。作为语文教师，我们所要具备的不仅仅是文字、语言方面的知识,植物、动物、天文、地理、中外历史等等,凡是课文里有的,我们必须全部谙熟于心;课外所涉及的,也要有所涉猎,以便更好地组织教学。同时我们还要有忧患意识,无论在思想上、教育理念上,还是个人学识上都应与时俱进,树立新时代下的世界观、教育观、人才观、质量观,这样才能使自己立于不败之地,在这个时代中很好地生存。

第二,孙悟空抱着目的去访师。孙悟空所住的水帘洞是在东胜神洲傲来国花果山。为着要"躲过轮回,不生不灭,与天地山川齐寿",他便漂洋过海拜师求学,飘到南瞻部洲,又渡西洋大海,才到西牛贺洲,因樵夫指引,找到灵台方寸山中的斜月三星洞,遇着须菩提祖师,算起来已是花了十几年光阴了。他访师不是为一个人的长生不老,他所求的是大家的幸福,为了大家的共同愿望,认准目标了,就勇往直前,也是他能学得长生不老之术的重要原因。目标专一,这样就很能在某一领域做出一定的成绩。作为教师的我们,承担着培育祖国未来一代的责任,要学孙悟空的执著,我们要为所有学生着想,要一切为了孩子,为了孩子们的一切,要让每一个孩子都接受比较好的教育,以促进他们的发展。

第三,既有孙悟空,便有唐三藏。我们是孙悟空,我们的孩子则是唐僧,我们的学生进入学校,会遇到许许多多的"妖精"。这些"妖精"就是我们常挂在嘴边的坏习惯。他们一边要成长,一边要和诸多的坏习惯做斗争。斗赢了,他们将取得人生的真经;斗不赢,他们就会被妖精吞噬!所以,作为教师,要义无反顾地把自己当作孙悟空,拿着金箍棒,睁着一双火眼金睛,忠心耿耿地走在学生的身边,为他们除魔斩妖,竭尽全力帮他们取得真经!

孩子是多样的,正如世界是彩色的一样;妖魔们是多变的,犹如坏习惯也是各种各样的。这就要求教师不仅要会变、多变,更重要的是善变。教师不能要求所有的孩子都千人一面,应该接受他们的不同,欣赏他们的个性,用恰当有效的方法对待不同的学生,发现并欣赏他们的优点;用能容下百态的心,宽容地对待他们的缺点,微笑原谅他们小小的毛病和过失。有问题要能做到对症下药,以便应对起来能游刃有余。

实践运用与建议

读书路上,看我千变万化

陶行知先生认为,教育就是教学生"变"。而负责教育的教师,首先要学会变。只有这样,他才能让学生从他的身上学来"变"的本领。

于小学生而言,大量的阅读非常必要,于是我千方百计引导孩子们读书。在我的引导下,孩子们喜欢上了读书,喜欢上了杨红樱、沈石溪、曹文轩……

建造百花园,引来蜂蝶成美景

伟大的文学家莎士比亚认为:"生活里没有书籍,就好像没有阳光;智慧里没有书籍,就好像鸟儿没有翅膀。"为了给孩子们明媚的阳光和翩跹的翅膀,教学中我努力为孩子创造一个优良的阅读环境,带领学生敲开读书之门。我在班里设置了图书角,并在读书角张贴温馨的阅读提示:"与书为友,走向优秀!""读经典的书,做有根的人!"在教室前面树立着警示牌:"今天,你读书了吗?"还在教室里张贴名言警句,如"为中华之崛起而读书""书中自有黄金屋,书中自有颜如玉""书山有路勤为径,学海无涯苦作舟""读书破万卷,下笔如有神",这些醒目的标语,使学生迈进班级的那一刻就会想到读书。

走上"取经路",有我相伴变坦途

叶圣陶先生说:"唯有学而不厌的先生,才有学而不厌的学生。"我们自己不学习,却硬要学生学习,那我们的呼吁便如无源之水、无本之木,结果必然是教师举步维艰,学生不为所动。师生同读一本书,符合现代教育理念所倡导的大阅读观,也是实现新课标的有效途径。

根据四年级孩子的年龄特点,我推荐他们读沈石溪的动物系列,杨红樱的马小跳系列,曹文轩的儿童文学系列,《十万个为什么》……推荐的每一本书,我都和他们共读。共读的日子,让我变得更加睿智,让我的生活更加充实，共同交流则融洽了师生之间的关系，学生在读书过程中也不断形成美好的品格。

打开一扇门，把你放飞天地宽

孔子云："知之者不如好之者，好之者不如乐之者。"兴趣是最好的老师。为了激发学生的阅读兴趣，我开展了丰富的语文活动，使学生的阅读积累在语文活动中绽放异彩。成语大观园、诗林漫步、标点符号趣谈、名言警句荟萃、走近名人、演讲比赛、古诗擂台赛、诗词朗诵赛、成语故事等，一节节语文活动课成了孩子们的乐园，人人在活动中充分展示自我，学生的主体性得到充分发挥，真正成了阅读学习的主人。

涌进故事海，遨游其中不思归

"学起于思，思源于疑。"小学生最爱听故事，我利用这个特点激发他们的阅读兴趣，在故事讲到关键处，戛然收声，欲知后事，请自读全文。这时不失时机地向学生推荐相关的读物，引导他们去阅读相关的书。为了让他们对《三国演义》产生兴趣，在讲述"草船借箭""周瑜打黄盖"这类故事时，我藏一半在心里。好多孩子便按捺不住自己的好奇心，让家长买了《三国演义》，利用课余时间狂读起来。

走上擂台赛，一争输赢乐无穷

"学者贵于行之，而不贵于知之"，学习的目的是为了更好地运用。为了巩固读书的成果，我利用课余时间，组织学生进行阅读知识竞赛，采用多种形式，说出在阅读过程中积累的成语、典故、名句、格言等，这样既培养了学生严谨踏实的学风，又巩固了课外阅读成果。

多多谈感想，现身说法激欲望

"榜样的力量是无穷的"，榜样能指引正确的方向。课余给学生讲述自己阅读后的收获和体会，用"现身说法"激起学生情感上的共鸣，使之产生强烈的阅读欲望。还讲述名人读书成才的故事，孔子的"韦编三绝"、李密的

"牛角挂书"、匡衡的"凿壁借光"、宋濂苦学成才，这些故事激起学生对读书人的崇拜，对书的渴望，形成与书本交朋友的强烈意向。

"千变万化"只为培养学生的读书兴趣，一本书就是一艘船，能带人到远方，教师和家长带学生到达不了的地方，书可以带他们到达；教师和家长帮学生解决不了的问题，书可以帮助他们解决。送孩子家财万贯，不如引导他们爱上读书，做个学富五车的人。

每个孩子都是一块璞玉，需要我们用心雕琢，才能显出本色。我们要变成孙悟空，不光要有孙悟空保唐僧的执著，还要不断学习钻研，学会在教育中随机应变，以更好地服务于学生、服务于教学。

开放时空,让思想飞

黑龙江省宁安市第一中学　　张　茵

学生应该普遍的从灌注的教授法里解放出来,跑到这种自由讨论的空场晒一晒太阳光。(第413页)

阅读感悟与反思

正如陶行知先生所说,有些传统的学校,名为认真,实际是再坏无比。他们把无所谓的功课排得满满的,把时间挤得点水不漏,使得学生对于民族前途和别的大问题一点儿也不能想;并且周考、月考、学期考、毕业考、会考弄得大家忙个不停,再也没有一点空闲去传达文化、唤醒大众。

近百年前的教育问题,在今天,仍然是教育的痼疾。我们的学生也在各种考试中难有时间去观照自我,关注生活。

今天的教育要打破这种魔咒,把学生从为读书而读书的桎梏中解放出来,陶行知先生所说的让学生在学习中观察世界,说明世界,改变世界,是一个可行的途径。

给学生开辟更自由的学习空间,让他们在选择当中沉淀思想,获得更大的成就感与愉悦感,是我让学生走出书本的束缚,让自己走出教学困境的一种尝试。

实践运用与建议

问题驱动，予自主，启探索

课堂教学中，我的教学活动以"问题驱动"教学法为主，主要的教学环节就是"寻疑—质疑—析疑—解疑—拓疑"。我是个懒懒的老师，喜欢孔子的"不愤不启，不悱不发"，认为陶行知的"即行即知"振聋发聩，直面真理。学习主要是学生的事儿，让学生明白这一点并习惯为之心平气和地、心甘情愿地作些努力很重要。

我说：以你喜欢的方式学习。

在以学生为主的课堂教学中，针对文本质疑、析疑、解疑的活动主要都是由学生完成，我主要是引导和点拨。无预习无以学习，词语还是文意的质疑探究可以自己选择。问题的解决是靠查字典还是翻阅资料或自由讨论，全由学生自主选择。只要能够自主解决问题，一切可行的方法都是被尊重、被允许的，包括带手机进课堂。所以在课堂上他们提出、探讨、解决了很多有趣的问题，比如：《孔雀东南飞》中"多谢后世人"的"谢"可以包括哪些内容？《鸿门宴》里项羽为什么放走刘邦？李陵到底是个什么样的人，为什么司马迁为他说话、苏武却大肆痛骂？玛莲卡为什么会同意和别里科夫谈恋爱？……假使有些问题不能够通过讨论和查阅资料自行解决，学生会将自己查阅的资料和大家分享之后提问，去请同学们帮助解答，教师最后点拨总结。

这样的方法在复习和训练当中同样适用。

谈到这里，有些教师就会问："你怎么敢让学生使用手机？"不敢让学生使用手机，是因为你并没有让学生认识到手机除了游戏与聊天之外，还有随时查阅的功能；不敢让学生使用手机，是因为你并没有使学生认识到，手机是一个因你所知匮乏，目前迫切地需要帮助快速查阅大量资料、解决问题的工具；不敢让学生使用手机，还因为你给予学生的尊重与信任不足以让他们拒绝诱惑；课堂上，不敢让学生使用手机等可自主操作的电子设备，也源于你对自己管理课堂的能力不够自信。

我承认，这并不是一个一蹴而就的事情，但教育本身就是引导与感化的过程，就是一个战胜自我方能战胜他人的过程，当受教育者的生活环境、成长历程已经让他的积淀与视野薄弱狭隘，教育者就更不能画地为牢。突破势在必行，有"翻转课堂""思维广场"等各地的实验珠玉在前，我们结合实际，适时变通，也应是一种必然。

面对同一内容，给予学生选择空间、思考空间、行动空间，让学生各自选择自己的学习重点和难点，有针对性地学习，使之形成思考的习惯，提高行动力，获得学习的实效。每堂课的成就感逐渐累积，学生自然产生语文学习的兴趣与自觉。

层递拓展，予舞台，昭哲思

为了给予学生更大的认识思考空间，我还尝试了一些规律性的拓展教学。

1. 课前小舞台，风雨不误

朗诵在高一上学期进行，高一下学期和高二上学期进行准备性演讲，高二下学期抽签命题式演讲，高三上学期即兴演讲。成语的积累和训练贯穿始终。高一下学期开始进行新闻播报，引导学生关注社会和生活。高二进行新闻播报加评论，由口头评论逐渐转向书面评论，由训练口头表达转向训练快速组织语言的、思维认识深入的书面表达，提高学生的快速写作能力。高三的新闻评论，注重角度的新颖性与剖析的深刻性。

	高一	高二	高三
上学期	成语积累 课前朗诵	成语训练 新闻播报加评论 准备性演讲	成语训练 即兴演讲 新闻评论
下学期	成语积累 准备性演讲 新闻播报	成语训练 新闻播报加评论 抽签命题式演讲	成语训练 新闻评论

每个阶段的内容的安排，时间上是相互交叉的，也就是说不同的类别在一周中按逻辑排序循环进行，由课代表统一协调安排，全班参与。

现在来看一看，两个班级80人，入学第一次月考作文只有十人左右40分以上（60分满分）的学生们今天的写作片段：

真正的勇士，敢于直面惨淡的人生，敢于正视淋漓的鲜血。掩埋历史、篡改历史，是不敢承认对其他民族犯下的罪行，还是不敢面对未来的生活？一个没有担当的民族，再强大也不过是懦夫的城邦。不管你认或不认，真相就在那里，不增不减；不管你逃或不逃，事实就在那里，不来不去。

还记得高二刚开始写新闻评论、演讲感受时，只有三四个同学没有迟疑，而十个月后，我让同学们在口头表达和书面表达间选择时，全班同学都毫不犹豫地拿起了笔。刚开始的课前练笔，十几分钟，还有好多同学，只有寥寥数语，而现在几分钟的时间，他们就能够非常自信地写出一段有思想的文字。

让关注生活成为日常，让深沉思考成为日常，让精练表达成为日常，那么我们改变的不仅是风气，还有意识与习惯、心态与思维。

2. 每周两个午间10分钟

高一，《论语》诵读；高二，文化节目观看。分享学生观《朗读者》的一段感想：

始于颜值，陷于才华，真正美丽的女人不在皮骨，腹有诗书气自华才是中国女人最美的模样。读过的书，看过的诗，念过的词，都会写进我们的气质里，藏进我们的灵魂中，变成眼底的清风朗月，变成心中的星辰大海。

3. 每周一节读书课

建立班级流动图书馆，参考老师提供的书单每个同学最少提供两本书，半学期更新一次。学生根据书单和书架内的图书，任选书籍阅读，也可以自带书籍，但要老师把关同意。高一是阅读与摘抄，高二是阅读与写心得。我们的"书韵飘香"读书汇，形式多样，常现惊喜。比如：

当初是他把她送去了天堂，而后来，是她带他回到了人间。这恰恰是小说最浪漫最励志的地方，人生便也如此。你来摆渡我，我来摆渡你，人性就越发凸显出高尚。爱是珍贵的，有些爱是值得用生命争取和捍卫的，把它紧紧握在手中等候你的崔斯坦吧！

——学生阅《摆渡人》读后感片段

我曾将教师书橱的部分书籍对学生开放，学生的阅读热情，令人欢欣鼓舞。

4. 每月最少一次语文专题活动

高一阶段，我以教材为基础，将一部分作业安排为专题研究，让学生利用业余时间查阅、整合、编辑、汇报相关资料。当然，第一阶段，是学生的单兵训练，让学生在这个环节当中形成个人筛选整合信息的能力，提高个体思辨能力。教学《沁园春·长沙》前，要求学生从毛泽东故事及毛泽东诗词两方面，选取自己感兴趣的内容搜集交流。听到作业不是做题、不是背诵，而是自由地选取作业内容去查、去读、去看，学生们觉得自己获得了极大的尊重与认可，感觉到自己很重要，热情非常高，这是一次非常成功的尝试。除了加大对于课文内容的拓展，加深对于文本教材的分析，学生对《念奴娇·昆仑》《登庐山》等15首诗词的推荐品评使毛泽东的形象更加立体，情感把握更加深入细腻。因为同学们的热情，我们还用了一节课的时间专门开办了毛泽东诗词朗诵会，准备没有多么充分，但学生的参与热情极高，现场感很好。甚至有一些同学，能够当场背诵。之后才是分组合作与交流，当然自由选题、自由择组、自己组织、自己主持，选择权都在学生手中，教师只给出方向与参考意见。

两年时间里，我的两个教学班级完成了"一代伟人毛泽东""我所认识的刺客""苏子与黄州""纵横古今话李白""万古圣心杜甫情""短篇小说巨匠契诃夫"等15个专题的研究与报告。下面是"我论王勃"的专题报告片段：

明知都督假意相商，诗人王勃当仁不让，依然泼墨尽情抒狂，何必去消减锋芒，大不了孤芳自赏！"落霞与孤鹜齐飞，秋水共长天一色"，王勃的文采写尽了世事繁华，亦铺出了一条死亡之路。然听从本心，何来后悔？与其苟延残喘、谨慎收敛，不如放肆大笑、辉煌孤傲。

　　陶行知说，我们不应该把别人的力量小看了。我们也不应该把自己的力量小看了。

　　学习是人类与生俱来的一种天性，我们的教育要保护和顺应学生的学习天性，放手让学生本能而自主地学习，真诚而自由地思考。我们带给学生的不应是文化的赈济品，而应是一颗虚心，要探寻真正适合学生向前进取的教育。

激活生命之灵性，启发灵魂之自觉

黑龙江省大庆市实验中学　　赵　胤

我提起笔来想写的真是千言万语，但时间不许可，今天特别想说的就是今日中国教育最需要而最忽略的一点——觉悟之启发。启发自觉包含在我们立社的宗旨里面。社的宗旨是要"探讨最合理最有效之新教育原理与方法，促进自觉性之启发，创造力之培养，教育之普及，及生活之提高"。（第474页）

阅读感悟与反思

苏霍姆林斯基说："教育——这首先是人学。"帕斯卡尔又言：人是会思想的芦苇。这就决定了在教学实践中，"师生交往的本质就是教师人格精神与学生人格精神在教育情景中的相遇"。

所谓教学效果，便由师生相遇过程中所产生的积极动能决定。动能之多寡，重在学习者动机之强弱。只有适时、适当地激发学生学习的内在动机——内驱力，让学生从被动的接受者变为积极的构建者，自觉自愿，以学为乐，才能为人格的完备发展注入源头活水。此即陶行知先生所谓"觉悟之启发"。

驱动事物发展的力量分为内力和外力，即内驱力和外驱力。内驱力是个体在环境和自我交流的过程中产生的，具有驱动效应的，给个体以积极暗示的生物信号。其实质是一种无意识力量，源于最原始的、积累了整个历史经验的心理体验在人脑中的反映。

在教育工程中，内驱力主要是针对教育对象即学习者而言的，外驱力主要是针对教师、学校、家长、社会等外在条件而言的。中山先生讲三民主义时说："大凡人类对于一件事，研究当中的道理，最先发生思想；思想贯通以后，更起信仰，有了信仰，就生出力量。"在内驱力的驱动下，面对新的知识，我们自然会有自主感和挑战感，当我们攻克难关后，成就感和意义感便油然而生。

可以说，学生学习内驱力和行动自觉的培养是教育工作成败的关键所在。我们喜于看到考场中分数绝卓的学生，但我们更乐于看到在人生路上不忘初心、砥砺前行的人生赢家。小赢赢考场，大赢赢人生。在当前的考试高压下，作为教师，特别是语文教师，更应该给学生打造一片灵魂栖息的净土，用语言文字为学生打开一片文学、文化的广阔天地，顺遂学生追求美好的灵魂，以激发学习之乐趣。

常言道"授人以鱼不如授人以渔"，鄙人以为，授人以渔不如启人以自觉，此乃教育之最高境界。我想，经过时光淘洗，熠熠生辉的永远是扎根于心底的信仰。

在实际教学中，要做到"觉悟之启发"绝非一日之功，需要教师的慧心、诚心与用心。陶行知说："真教育是心心相印的活动。"作为教育者，必须对教育对象知其需，晓其惑，明其心志，方可进驻其灵魂深处，方能适时启发其自觉。教师对学生的需求、疑惑及心志若能一览无余，定是慧心所至。可此慧心大多时候可遇而不可求，更多时候我们还需要一份诚心和用心。真诚地与学生交流，真诚地向学生学习，真诚地尊重学生；用心上好每一堂课，用心对待每一位学生，用心做好每一件小事，成为学生学习的典范，人格的引领。这是内驱力培养的前提条件。其次，精心设计每一次内驱力培养的语文活动，让学生在集体活动中发现自己、重塑自己，进而自觉改变自己。这是内驱力培养的重中之重。

自觉方能独立，独立方能自由。我们争取在知情意为一体的教学中，努力塑造有趣而深刻、高贵而博雅之灵魂，培养独立之精神、自由之思想，让学生始于自觉，敢于追求，乐于追求，终成于追求。

实践运用与建议

寸草丹心万里程——阅读引领

读书,是一生不可辜负的事业。有书相伴,孤独也是一种浪漫。阅读是有味道、有情趣、有格调的学习方式,在阅读的旅程中,我们徜徉世界,走遍千山万水;我们遇见未知的惊喜,遇见更好的自己;我们感受语文之美,感悟生活之趣。于生活和学习而言,遇见和发现本就是一种惊喜。通过阅读构建学生的精神家园,进而激发学生探索语文天地的兴趣,使语文教育真正回到原点。我想,语文教学中,没有任何一项事情的功劳比阅读还要大。

阅读是一种非功利的、自觉的学习,故我把语文内驱力培养的重点放在阅读上。在日常的教学实践中,通过课前好文推荐、课后拓展阅读、一周一节阅读课、大考图书奖励、学期末给幸运儿赠书、寒暑假好书推荐、学期初读书交流会、小组活动互赠图书等活动,给学生营造一个有书可读、有书要读的氛围,进而形成我要读书的内驱力,最终达到好书互读、挤时间也要读的读书场面。

月是故乡明——吟诵教学

吟诵是中国古老的文化,是中国最为传统的读书方式。吟诵是通过声音来表现诗歌的节奏与旋律,直观地传达诗歌情感的诵读方式,是对诗人生命感发的体悟。在教学中,传统吟诵的适当引入,对于激发学生学习传统诗词的自觉大有裨益。

诗歌是诗人的生命感发,在鉴赏中,我们更应全面调动感性的细胞深情体味,而非一味地肢解分析。在教学中,我精心挑选出适合吟诵教学的诗词名篇,如《短歌行》《登高》《春江花月夜》《将进酒》等。我们从旋律和节奏入手,在平平仄仄中感受诗人的生命感发;我们用属于自己的吟诵调,吟一曲曲韵律华章。吟诵《登高》,我们了解了格律诗的基本创作原则,并为诗圣以血来书家国情怀的深沉所打动;吟诵《春江花月夜》,我们沉醉于诗情、画意、哲理于一体的高远空明之意境,领略到了陈隋乐府韵律的婉转悠扬。

汉字是音、形、义的结合体，故声音是有意义的。我们通过吟诵的声音（节奏和旋律）感受其意义，让诗歌鉴赏发生得自然而然，而非生搬硬套。用吟诵的方式读诗歌，是穿越时空的鲜活生命之间直抵心灵的对话，是对诗人生命的探秘。

诗酒趁年华——语文活动

陶行知先生说"生活即教育"，于语文学科而言，生活即语文之源。基于此，语文综合实践活动是激发学生学习内驱力的重要方式。

中秋佳节到来之际，我和学生一起开展"中秋吟诗会"，学生着汉服主持，大家发挥各自的才能，深情地演绎着那些他们平日觉得很难"啃"的诗篇；我们一起课前三分钟演讲《十年后的我》，大家愿意为自己的演讲改N遍曾经他们觉得憋不出来的文字；深秋时节，校园里一片金黄，我们一起拿起相机去寻找生活中的美，并为之附上最美的文字；入冬的第一场大雪，我们以"雪"为题写一首小诗，并为之配图；我们以"美是客观的还是主观的"展开辩论，每个人在辩论会上的表达都能流畅而又深刻；当课堂进行到一半时，我们可以停下来一起细听窗外的春雨，欣赏窗外的丁香，用笔记下我们的真实感受，并与大家分享；当全年级都流行"吃鸡"的游戏时，我们一起用笔写下"传·奇"，我们有相同的开头或者结尾，却能有缤纷多彩的情怀。

我力求从综合性学习和语文教学的小浪漫中，引导学生关注生活，发现生活，进而喜爱生活，并养成关怀、悲悯、自主的思维品性。在此过程中，学生对生活的探索从被动到主动，从怯懦扭捏到欢欣鼓舞，这使学习内驱力中自主感和挑战感得以具备。更为重要的是，语文课的独特性给学生带来了无上的优越感与意义感，师生之间最大限度地实现了彼此的价值认同，进一步巩固了已有的语文学习内驱力。

如胡晓风所言："生活世界只是多元和各不相同而又并不完善的世界。"当我们置身于大千世界，唯有不失以梦为马的初心，保持砥砺奋进的决心，永葆热泪盈眶的赤诚，方能实现真正的独立与自由。这是强大的内驱力与行动自觉的完美体现。我想，这是陶行知先生"行以求知知更行"的知行合一理论的最大意义。

附：陶行知教育箴言

（1）人民贫，非教育莫与富之；人民愚，非教育莫与智之；党见，非教育不除；精忠，非教育不出。教育良，则伪领袖不期消而消，真领袖不期出而出。（第17页）

（2）脱离行为的知识是空泛的知识，没有知识的行为是盲目的行为。这两者是一体的，其中任何一个都不能离开其他而单独获得。……在所有情况下，我们都必须认识孩子的天性，必须认识这一工作的社会重要性，必须提供给他们实际参与的机会。（第22页）

（3）我们极愿意学生能有一天跑在我们前头，这是我们对于后辈应有之希望。学术的进化在此。但我们确不能懈怠，不能放松，一定要鞭策自己，努力跑在学术前头引导学生，这是我们应有的责任。（第109页）

（4）学校以生活为中心。一天之内，从早到晚莫非生活，即莫非教育之所在。一人之身，从心到手莫非生活，即莫非教育之所在。一校之内，从厨房到厕所莫非生活，即莫非教育之所在。（第145页）

（5）教学做是一件事，不是三件事。我们要在做上教，在做上学。在做上教的是先生；在做上学的是学生。从先生对学生的关系说：做便是教；从学生对先生的关系说：做便是学。先生拿做来教，乃是真教；学生拿做来学，方是真学。不在做上用工夫，教固不成为教，学也不成为学。（第176页）

（6）教育事业是要捺着心儿，按照步骤，准对计划，研究利弊，从一点一滴上做着功夫，以收一点一滴之效果。（第246页）

（7）你的教鞭下有瓦特，你的冷眼里有牛顿，你的讥笑中有爱迪生。你

别忙着把他们赶跑。你可要等到坐火轮，点电灯，学微积分，才认他们是你当年的小学生？（第257页）

（8）生活教育是生活所原有，生活所自营，生活所必须的教育。教育的根本意义是生活之变化。生活无时不变，即生活无时不含有教育的意义。因此，我们可以说："生活即教育。"到处是生活，即到处是教育；整个社会是生活的场所，亦即教育之场所。（第333页）

（9）我要郑重的说：教育没有独立的生命，它是以民族的生命为生命，惟有以民族的生命为生命的教育，才算是我们的教育。（第390页）

（10）生活教育是给生活以教育，用生活来教育，为生活向前向上的需要而教育。从生活与教育的关系上来说，是生活决定教育。从效力上来说，教育需要通过生活才能发出力量而成为真正的教育。"教学做合一"，是生活法亦即教育法。（第469页）

（11）生活决定教育，教育要通过自觉地生活才能踏进更高的境界。通过自觉的集体生活的教育更能发挥伟大的力量以从事于集体之创造。（第476页）

（12）教育者不是造神，不是造石像，不是造爱人。他们所要创造的是真善美的活人。真善美的活人是我们的神，是我们的石像，是我们的爱人。教师的成功是创造出值得自己崇拜的人。先生之最大快乐，是创造出值得自己崇拜的学生。说的正确些，先生创造学生，学生也创造先生，学生先生合作而创造出值得彼此崇拜之活人。（第507页）

（13）教育不通过生活是没有用的，需要生活的教育，用生活来教育，为生活而教育。为生活需要而办教育，教育与生活是分不开的。（第551页）

（14）教师的职务是"千教万教，教人求真"，学生的职务是"千学万学，学做真人"。这教人求真和学做真人的教学自由，也只有真正的民主实现了才有可能。（第556页）

（15）孔子说："学而不厌；诲人不倦"。惟独学而不厌的人，才可以诲人不倦。要想做教师的人把岗位站得长久，必须使他们有机会一面教、一面学，教到老，学到老。当然，一位进步的教师，一定是越教越要学，越学越快乐。（第562页）

PART 3

第三辑

跟孔子学做教师

孔子，不仅对人生全力以赴，也竭力参透其中义理。学而不厌，诲人不倦，在陶铸完美人格的同时，积极实践自我理想。《论语》是与孔子最密切相关的作品。从《论语》中，我们读出了自强不息、厚德载物、博爱泛众等民族精神，读出了以人为本、以生为本的教育取向，读出了有教无类、一视同仁的教育情怀，读出了因材施教、举一反三的教育方法，读出了终身学习、慎独正己的修身途径。这些恰恰是我们最宝贵的传统，也是永恒的教育智慧。

学思结合，相得益彰

浙江省长兴县实验中学　　李伟萍

子曰："学而不思则罔，思而不学则殆。"

此章言学思当交修并进。仅学不思，将失去了自己。仅思不学，亦是把自己封闭孤立了。当与温故知新章合参。（钱穆：《论语新解》，生活·读书·新知三联书店，2012年版，第36页。以下只注明页码）

阅读感悟与反思

这一则体现了孔子的学习思想：学思结合，相得益彰。只学习，只传承，不加思考，不加选择，不加甄别，没有取舍，自然越学越糊涂。生活中很多人博学，但是知识只是一种储备状态，而没有内化为能力和素质。博闻强识而不善于运用，更不用说内化成能力，内化成素质，内化成人格了。思考而不学习，必然坠入空想主义深渊而不能自拔，久而久之，连信心都没有，何谈有收获。

作为一名一线教师，学思结合尤其重要。我们每天都在接触学生，接触活生生的教学案例，如果我们空有满腹的教学理论，而不能灵活运用，不知反思自身的教学行为，那么对于提高教学效率，恐怕也是于事无补的。学生如果只是死读书而不知思考变通，那么最后也难免沦为书呆子。而学生如何做到学思结合，恐怕又离不开教师的言传身教。可见学思结合，对于一个人的成长，对于我们的教育教学是多么重要。

实践运用与建议

立足教学，促进教师专业成长

在当下，学习的方式和途径自然很多，作为一名教师，更是有各种形式的培训学习。当然更常态的学习，还是阅读。不论是理论专著还是专业杂志，抑或是公众号文章，都能为自身的成长提供养料。在阅读的同时，若能结合自身的教育教学实际撰写学习心得体会，并与同行进行交流，那么所得会更多。比如，学校会组织读书征文比赛和读书交流会等一系列活动，引导教师注重学思并举。

值得一提的是，十多年来，我所在的学校一直在提倡"轻负高质"的理念，推行集体备课制度。我们的备课稿是在备课组集体商议的基础上完成的，个人在上课前根据班级实际情况，进行第二次备课，对原先的备课稿进行取舍。在上好课后，再进行第三次备课，即课后反思。在这个完整的教学流程中，我们每个教师把所学的理论运用到自己的教学实践中，而后，又对这一过程进行反思总结，发现得失所在，并提出改进的建议。等到下一次集体备课时，提出来和组内老师交流。在这样的备课机制中，每个成员的想法都能得到重视，教师之间产生了思维的碰撞。应该说，这样的集体备课制度，真正把学习、实践、反思、改进融合在一起，从而促进了教师的专业成长。

立足课堂，促进学生阅读思维发展

在教学工作中，我们常常听到这样的话："我家孩子也读了很多书，可为什么语文成绩还是上不去？"归根结底，还是阅读思维能力没有提升。也就是学思结合的"思"没有跟上来，不知道怎样去思考。而学生要真正实现阅读思维水平的提升，是需要教师在课堂教学中进行思维训练的。

为使学生的读文能力达到更高水平，语文教师需要了解阅读水平可以分几级，在什么情况下达到哪一级才算实现了阅读教学目标。这是个衡量阅读能力的标准问题，对学生阅读能力的训练和以后的发展关系极大。阅读水平的层次标志着思维水平的层次。阅读教学思维训练也应遵循由低往高的阶梯式层次，即认知性思维—理解性思维—评价性思维—创造性思维。如何充分利用阅读教学进行思维训练，促进学生思维的发展，这是我一直在探索的课题。

1. 发展认知性阅读思维

认知性阅读思维主要涉及对阅读材料的客观梳理，表现为认字、释词、通读课文，复述课文大意或故事梗概，理清课文段落、情节结构，依照课文注释回答问题。这些认知在获得课文意义的阶梯上是最低的，其思维水平也是最低的。

我们一向反对单纯的字词练习，而提倡在特定的环境中掌握词语的运用技能，目的是训练学生灵活的思维能力。目前这种训练方式已广泛运用到中学阅读教学中，也运用到语文阅读的考查中，它是阅读教学第一层次的重点。

2. 发展理解性阅读思维

阅读中的理解就是在认知基础上对课文思想内容与方法的领会和把握能力，是认知的发展和深入，也是阅读的关键环节。这一层次的要求是能分析具体问题，能综合问题，能概括问题，能抽象出文章主旨。

初中生抽象逻辑思维已逐步加强，教师应该把阅读教学引向深入，让学生将感知的新信息联系起来，通过联想、判断、推理等思维活动去发现材料的内涵。

例如，在《故乡》的助学部分，可设计这样的问题：

（1）本文的线索是什么？

（2）本文的主要人物是谁？分析闰土和杨二嫂的形象。其中给"我"触动最大的是闰土的什么变化？

（3）从本文中，你看到了一个怎样的故乡？又看到了一个怎样的"我"？

这一组问题的设计非常有层次、有梯度，而且紧紧抓住小说教学中的三个要素——情节、人物和环境。如第（1）问，要求学生在通读课文的基础上梳理情节，把握贯穿小说情节的线索——"我"回故乡搬家时的所见所闻所感。

第（2）问中，对小说的主要人物的把握是非常关键的，这里涉及小说中对人物形象的刻画，包括各种人物描写的方法和作用，都值得细细品读。"其中给'我'触动最大的是闰土的什么变化？"这一问又把对学生思维力的要求提高了一个层次，把对人物的理解指向了核心问题。原来人物所有的变化包括外貌、动作、语言的变化，归根结底是源于内心的变化，而这些变化的根源是当时的社会制度，整个中国都陷入了苦难深重的深渊，人也变得如闰土般辛苦麻木、如杨二嫂般辛苦恣睢了。挖掘前后变化的深层原因，透过表象分析本质，学生的思维也从问题的表层逐渐走向深入，理解性的思维力得到了提升。

在学生分析了人物形象之后，让学生来发表对"故乡"的看法，这既要着眼于对课文的解读，又要跳出课文，把"故乡"从具体的描写性、叙述性的文字中抽象出来，再用精练的语言加以概括，这就是思维结果的外化和物化。这个过程就是学生的思维从具象到抽象的发展过程。经过这样的训练，学生的抽象逻辑思维能力增强了。

我校的语文教师经常在理解性阅读上花大力气训练这种深度思维力，设计出有利于发掘深层思维的问题，引导学生从表层到深层思考问题，透过事物表象抓住本质。

3. *发展评价性阅读思维*

阅读者对阅读材料表现的思想给予主观评价，谓之评价性阅读。评价性阅读思维要高于理解性阅读思维，它是读者跳出阅读材料进行冷静思考，发表独立见解的思维过程。这一层次的思维表现为：评价文章内容性质和价值；评价文章表达技巧和风格；评价文章写作背景、社会作用和时代意义；评价作者观点态度和情感倾向。

例如，在教学《列夫·托尔斯泰》时，学生提出了疑问："为什么茨威格肯定托尔斯泰缺少幸福？"教师结合"像我这么个生着宽鼻子、厚嘴唇、灰色小眼睛的人，难道还能找到幸福吗？"这一文中的句子，把这个问题分解为三个部分：托尔斯泰找到幸福了吗？茨威格怎么看？我们怎么看？"资料助读"部分链接了相关内容。

这一问题来源于学生真实的阅读感受,教师抓住了这个契机,在课堂上学生大胆猜测和怀疑,各抒己见。在学生交流讨论的过程中,教师补充托尔斯泰的资料和他说过的话。"其实茨威格认为托尔斯泰缺少幸福,是和他本人的幸福观有关系的。茨威格和托尔斯泰一样,都是智者,具有清醒的洞察力,看透社会万象,又都想改变不合理的社会,可是却心有余而力不足,他们心怀天下,悲悯苍生,却没有知音,得不到世人的理解,连亲戚朋友也不理解。所以这样的人注定痛苦。"可能学生的认识一时还不能达到这样的高度,但学生在这一过程中表现出来的思维的批判性有所增强,他们敢于怀疑,有自己独特的看法和体会,这是最重要的。

4. 发展创造性阅读思维

阅读中的创造性思维是指超出文本发现和解决新问题的能力,这种思维属于更高级更复杂的心理过程,它是阅读思维的最高层次。体现为:提出新问题,发表新意见,给出新答案,解决新问题。

例如,在教学《列夫·托尔斯泰》时,安排了《世间最美的坟墓》的片段拓展阅读。

(1)这是怎样的坟墓?画出文中描写的句子,并请用文中一个词概括。
(2)托尔斯泰墓没有墓碑没有墓志铭,我们给他写一段墓志铭。
这里安睡着 _____

在学生回答了"世间最美的坟墓也是世间最朴素的墓"之后,教师进一步引导学生用"没有……唯有……"的句式说话,进一步拓展学生的思维空间。给托尔斯泰写一段墓志铭时,很多学生都联系了课文内容,从课文中找依据,从各个角度去解读和评价,提供了各式各样的答案。

初中生的创造性思维还处于自我潜能的开发阶段,需要拓宽思路、展开联想。阅读中的创造性思维特点表现在从多角度思考问题,并在多种思路比较中,选择富有创造性的思路,这就是人们常说的发散性思维。

教师常使用一些指导策略,鼓励学生自己发现问题,多角度想问题,取其最佳者，也引导学生要善于假设推理。教师也要接受学生思维的未成熟现象。正如钱梦龙老师所说，"老师这里没有现成答案，你怎么想就怎么说"，这样的思维训练，如能持之以恒，必能促进学生创造性阅读思维的发展。

综上所述，通过这几年的实践，学生的阅读积累显得丰厚起来，阅读思维也变得开阔起来。更重要的是学生拿到一篇阅读材料，不再是手足无措、无从下手，而是能够循着阅读规律，由表及里地去把握阅读材料。这其实就是学生的阅读思维由低层次到高层次发展、深化的过程的外在显现。只有学生的阅读思维能力发展了，才能做到真正意义上的学思结合，相得益彰。

强化思维训练,提升学习境界

河北省唐山市开滦第二中学　　张金波

子谓子贡曰:"女与回也孰愈?"对曰:"赐也,何敢望回!回也闻一以知十,赐也闻一以知二。"子曰:"弗如也。吾与女弗如也。"(第106页)

阅读感悟与反思

在探讨孔子的教育思想之前,我们先来看看下面这个关于学习能力的图示,这个图示应该代表了很多人对学习能力的理解。

孔子和子贡的这段对话,把孔子的两个弟子——子贡和颜回作了一番比较。比较的结果是,同样是以"一"为起点,子贡闻一知二,而颜回闻一知十。这个结果,对子贡而言有点尴尬。我们有理由推测,孔子的这两位学生应该都是肯下功夫的,但是学习效果大不相同,按照图示对号入座,子贡是个"学弱",而颜回是个"学霸"。什么原因造成了这种差异呢?很多人会想当然地认为是天赋的差异造成的。

按照世俗的眼光,面对同样的问题,瞬间就能找到思路的人一定天赋极高,苦思冥想也不得其解的人天赋自然较差。天赋与生俱来,人无法改变自己的天赋,也无法与天赋对抗。天赋低的人再怎么努力,也无法弥补天赋的余额不足。

那么,颜回和子贡的差别真的是天赋的差别吗?

其实,在很多情况下,我们所谓的"天赋",很可能是"假天赋"。"学神""学霸"们在学习上的付出,拥有很高的性价比,背后起作用的因素主要有两个:学习习惯与思维习惯。这两者的作用是如此广泛,如此隐蔽,以至于渗透到了学习的每一个细节中,体现出来就是一种"天赋"的错觉。颜回的"闻一知十",其实就是一种思维习惯,或者说是一种思考方式。

思维习惯有多重要?我们在学习一个新事物的时候,往往会把它与已知的事物进行比较和联系。比如,我们第一次见到汽车,会记住它的特征——有轮子、有座位、以燃油或电为动力的交通工具,以后再见到具有类似特征的东西,会马上判定这是一辆汽车,因为我们见到的所有具有类似特征的东西,都被我们归为"汽车"了,于是,这一类物品就和"汽车"这个词语联系在一起。转到学习上面,我们所了解的具体事物或者积累的经验,对于我们理解抽象的概念大有裨益,比如物理课上的匀减速直线运动的规律,听说过"强弩之末,力不能入鲁缟"的人可能更容易理解。

孔子特别重视学习中的思考,他关于思考的经典论述,除了"学而不思则罔,思而不学则殆"(《论语·为政》)、"吾尝终日不食,终夜不寝,以思,无益,不如学也"(《论语·卫灵公》)之外,最重要的莫过于"举一反三"和"闻一知十"了。

上海特级教师陈军把"举一反三"和"闻一知十"这八个字称为"八字宪法"。他认为,这八个字充分体现了孔子的人生智慧,充分概括了孔子的思考特点,也充分表述了孔子对于人们思考问题的引领期待。人们一般认为,"举一反三"和"闻一知十"二者没有什么区别,实则不然。"举一反三"是演绎类推的思维方式,这一思维方式或学习方法的特点就是"类推",即由已知到未知的类比相推。只要是同类事物,都可以使用这种类推方法。

"举一反三"是一种基础性的思考方式,渗透在学习的各个阶段、各个环节。比如文言中的疑问代词宾语前置现象,由"万钟于我何加焉"一句,即可推知其他同类的语法现象。"闻一知十"是由已知的事物进行推断演绎的思维方式,是由理论到实践的转化过程。比如,一个人饱读诗书,这是对理论知识的掌握,但是并不能运用这些理论知识处理实践中出现的具体问题,就不符合"闻一知十"的基本要求。

"闻一知十"是比"举一反三"更高的思维境界。一般人"闻一知二",像颜回达到"十"的境界是极其难为的。孔子连用两个"弗如也"评价颜回,既肯定了子贡谦逊的态度,又高度评价了颜回"闻一知十"的思考特点。我们推测,并不一定是颜回在天赋上胜过子贡,而很可能是子贡在思维习惯上输于颜回。而一个人的思维习惯并非与生俱来的,是需要后天培养的。这样,也给教育工作者留出了无限的作为空间。我们不应该草率地用天赋论否定学生,而应该着眼于学生的优秀思维习惯的培养,积极作为。

"闻一知十"是学生在学习过程中所形成的自主能力,并且超越了一般的学习能力本身而转化为实践上的创造能力。能够"闻一知十",学习自然跳出蒙昧的状态,而进入一个新的境界。

实践运用与建议

记忆是思维的起点

在学习活动中,思维活动主要表现为对已知事物的加工和处理。思维不是无源之水,不是无本之木。大脑中没有任何信息的存储,就谈不上思维活动。

就语文学科而言,需要记忆的东西,主要包括字音、字形、词语(包括成语)的意思、名句名篇等等。这些内容,对记忆的要求比较高,不允许出现一点差错。这些内容的记忆,不是简单的死记硬背,需要教师提供有效的指导。我在指导学生背诵名句名篇的时候,一方面提醒学生背诵要重视及时复习。记忆和遗忘是一对亲兄弟,有记忆就会有遗忘。背诵的过程,就是和遗忘对抗的过程。另一方面,提醒学生背诵一定要和理解结合。背诵必须是在理解基础上的背诵。除了理解通篇大意，还要理解句意，精准把握句子的中心内容、写作风格以及艺术手法。从 2014 年开始，高考名句默写由补充上下句转变为要求考生按照给出的句意填写句子，即所谓的"情境式默写"。对于情境式默写，理解句意无疑能有效防止写错句子，避免张冠李戴。

跳出语文学科，扩大知识面的有效途径首推阅读。莫提默·J·艾德勒和查尔斯·范多伦在《如何阅读一本书》中，把书籍分为两种：一种提供经验，一种教授理论。比如一部小说，就是一系列经过高度整理，高度有序化的经验；一本科普杂志，除了经验之外，还有一系列浅显通俗的理论。经验也好，理论也好，都是有价值的信息。当然，阅读的重要意义，不仅仅在于获得信息，扩大知识面，还在于获得十分宝贵的思维习惯。一个热爱阅读小说的孩子，在早期可能就通过阅读这种可以最快提升自己经验丰富度的途径，拥有了远超其他同龄人的早期经验积累，而人总有从已有经验归纳理论的倾向。这个过程好比核裂变中子的释放一样——物质体积越大，发生中子撞击的可能性也就越大。人的经验越丰富，平时突发灵感，从经验归纳出理论或者联系的可能性也就越大。面对新知识时也就更容易触类旁通，举一反三。一个热爱阅读科普杂志或者浅显理论的孩子，则更容易养成接受外来理论与整理既有经验的习惯。同时，一个个由以往经验整理出理论的成功案例，很可能会在价值观上激励他们思考，并养成强烈的思考倾向。

联系是思维的法门

在记忆和阅读的基础上，要训练学生善于把已知的信息联系起来，从而获得新知。能够熟练地把已知事物有机地联系起来，思维的品质就会逐渐提升。当然，对于某些已习惯在语文课上只听记、不思考的学生，教师要善于引导，激发他们的质疑兴趣。学源于思，而思源于疑，激疑对促进学生思维发展无疑是非常重要的。教师应在学生容易忽略的无疑处提问或在文章前后矛盾处提问，让学生学会细究课文内容，学会独立思考。我在教学《记念刘和珍君》这篇课文时，让学生找出互相矛盾的词句，思考作者的表达意图。如："记念"和"忘却"是反义词，作者到底要表达什么？"刘和珍君是我的学生"和"她不是'苟活到现在的我'的学生",这"是"和"不是"背后的意思是什么?通过对已知信息的理解分析,学生既很好地理解了文章的思想,又养成了深思质疑的兴趣。

联想是在已知信息之间建立联系的一种重要思维方法。联想是根据事物间的某种联系,由一事物想到另一有关事物的心理过程。联想时,要对甲事物和乙事物的同与异进行缜密的比较,有利于知识的迁移和深化。我在讲授《林教头风雪山神庙》时,引入建构主义的解读方式,在学生初读课文后,引导学生用某种动物来比拟林冲。在学生通过动物建构林冲形象的过程中,我不断质疑,促使学生意识到,林冲的性格并非一成不变的,而是经历了一个由忍到不忍的动态的发展过程,从而深刻领悟了《水浒传》"官逼民反"的宏大主题。

做题是思维的锤炼

随着考试的科学化和标准化,考试正逐步由对知识的考查转到对思维的考查上来。近些年的高考语文试题也越来越重视对思维的考查。做题是锤炼锻造思维品质的有效方式。即便是大家所公认的天才,其成就也源于常年的思维训练。这种后天的思维训练的效果可能超乎想象。试题当中,往往隐含着极强的思维套路,一个经过高效思维训练的人,对其中的思维套路烂熟于心,解答起来自然得心应手。而一个没经过高效思维训练的人,不熟悉试题的思维套路,要解决这个问题,他就要占用极大的工作记忆空间,经历无数次试错,在规定的时间内不能解答就见怪不怪了。

我们每做一道题目,每理解一个概念,每尝试一次思考,就是在不断地熟悉其内容底下的一个个思维套路。熟练掌握这种思维套路,就会迁移到我们可能遇到的具有类似逻辑的问题中去,从而举一反三,触类旁通。

通过做题,熟悉思维套路,缩小推理的"可能性空间",从而让自己的逻辑习惯能更好地契合实际问题的路径。这种认知,为高考备考打开了一个非常有效的通道,不是为了做而做题,而是抓住题目中的思维考查点,有的放矢,从而使高考备考摆脱题海,提高效率。

仰望星空，脚踏实地

黑龙江省大庆市实验中学　　张学明

棘子成曰："君子质而已矣，何以文为？"子贡曰："惜乎，夫子之说君子也！驷不及舌。文犹质也，质犹文也，虎豹之鞟，犹犬羊之鞟。"（第281页）

阅读感悟与反思

古语有云：半部《论语》治天下。可能略显夸张，但《论语》早已超出一部书本身的意义，变成了几千年中国读书人的文化"圣经"，其对中国人的影响极为深远。

然而，近代已降，孔子作为圣人的文化地位却发生了惊天而反复的变化。其中既有中国人开眼看世界，五四一代的"打倒孔家店"，亦有新中国成立之初喧哗与躁动中的"打倒孔老二"。在历史碧波的沉浮之间，孔子渐渐走下神坛，但却又并未消逝，而是以另外一种方式生活在我们的世界中。

改革开放以后，随着经济的发展，我们也开始重新审视我们的文化，开始以更加自信的姿态回顾我们的文化。此时，孔子又慢慢地回到我们的视野中，无论是举国上下的"国学热"，还是遍布全球的孔子学院，无不昭示着这个时代我们对孔子的关注与推崇。

可是，在喧嚣之时，我们也应当清晰地看到，很多人关注孔子是裹挟着利益的商业行为。以国学为幌子，借孔子来吆喝，却并不关心其背后真正的文化内涵，市场上诸多的国学培训机构多是如此。此等背景下，学校教育虽已开始重新审视孔子，审视经典，却很多时候并没有真正走近孔子，了解孔子的思想。那么要真正地了解孔子，了解孔子思想，又该如何去做呢？我想与其听任有些"当代大家"演绎经典，莫不如自己静下心来拿起原典，重温那些我们已经陌生的文字，这远比粗读各种读本要深刻而有意义。

特别是作为语文教师，如果能够引导自己的学生去追溯经典，亲自带着学生在经典的文字里摸爬滚打，那么纵使脚下之路充满泥泞，但依旧令人感动而欣慰。

实践运用与建议

《论语》是一部值得我们反复阅读的经典之作。它主要记述孔子及其弟子的言行，文约而义丰，其对当下中学语文教育具有极为重要的指导意义。

关注每一个学生的成长——因材施教

孔子是一位伟大的教育家，因材施教是他极为推崇的教育理念，并且他也一直身体力行，践行自己的教育理念。而在当下，针对学生的需要，选择适合他们的学习方式，因材施教，更是一名优秀的人民教师必备的能力。

如何因材施教，孔子在《论语》中为我们作了非常好的示范。如在《论语·先进》中按照学生特质将所教内容分为德行、言语、政事、文学四科。而在《论语·颜渊》中更是直接为我们示范了如何因材施教。孔子的弟子颜渊、仲弓、司马牛、樊迟分别问仁于孔子，孔子并没有给出统一的标准答案，而是因人而异，各有不同。面对领会能力强、品学兼优的得意门生颜回，他告之要"克己复礼为仁"，坚持"非礼勿视，非礼勿听，非礼勿言，非礼勿动"，强调"仁"的根本要求是依礼而行。"仁"为内核，"礼"是外表，二者相依，密不可分。面对有雄才大略、仁慈贤德的仲弓，孔子便从侍奉君主和管理人民的角度来解释"仁"，强调对待君主和人民要严肃认真，要宽以待人。而面对"言多而噪"的司马牛，孔子则强调说话要谨慎。

同样的事例更发生在孔子的弟子子路和冉有身上。有一次，子路问孔子："闻斯行诸？"这意思是：是否听到了就该做呢？孔子回答："还有父兄在上,怎可听到便做呀!"意思是要考虑家庭情况,看父兄是否同意。然而,当冉有去问这同一个问题时,孔子就很肯定地回答说:"自然听到便该做呀。"面对截然相反的回答,孔子的另一个弟子公西华十分不解,于是就去求教孔子。孔子说:"求呀,他老是退缩,所以我要拉他向前。由呀,他一人要兼两人事,所以我要抑他后退。"

从中我们就会发现,孔子依据学生个人的特点、禀赋采取不同的方式,因材施教,对学生的成长才会具有更大的意义。

而在我的教育生涯中,我也努力根据学生的特点,寻找适合他们的学习方式。我力求创设开放、包容、多元的语文学习环境,为学生提供更多的、更适合自己的选择。

譬如我在班级开设"为你读诗"的舞台,让每一个孩子都走到台前勇敢地表达自己。我清晰地记得我班有位同学第一次站在台前时紧张的模样,但经过多次历练,当高中毕业的时候,他已经可以站在台前镇定自若地表达自我的想法。我鼓励班级善于写作、情感细腻却又一直得不到大家认可的学生坚持写作,肯定他的独特想法,多次将他的作文印成范文在班上阅读,在我的公众号上发表他的读书笔记,当众将公众号赞赏发给他。在我一次次的鼓舞中,他重拾语文学习的信心,最后取得了骄人的成绩。从"书林漫旅"的读书交流会到素质拓展的室外语文课,从"我想和这个世界谈谈"的系列写作到"摄影师·秋韵实验",从"研究性学习"到创办公众号,多元的语文学习生态和针对学生个性特点设置的语文活动,让我的学生能够找到属于他自己的语文学习的乐趣和方式。

注重人格养成教育——君子人格

梁恕俭老师说,语文教育的理念应是震撼心灵,开启智慧,健全人格。我想能做到这些,那一定是有故事的语文。这成为我的追求,我努力去做一个有故事的人,有温度,有思考,有担当,创造属于语文的美好。基于此,我一直主张语文教学应追求"有趣而深刻,温润而博约"。因为我深知语文不同于其他学科,不仅强调知识的讲授,还关注人的培养。如何培养具有远大志向、独立意识、社会担当、家国情怀且品学兼优的卓越学生,是每一位教师都应该关注的重点，语文教师尤应如此。因为语文课不仅是文学课、语言文字课，它在基础教育中所承担的学生人格养成的责任更大。相对于一课一文，我倒觉得会与不会、透与不透、理解与不理解都无伤大雅。关于知识的困惑，随着时间的推移、阅历的丰富、视野的开阔，都会迎刃而解。但是，唯有人格的培养耽误不得，一旦在幼小的心灵中留下污秽的种子，其结果不言自明，危害甚大。

而读《论语》，读孔子，最让人感怀的莫不是孔子的人格魅力，也唯有读《论语》才会更让我们真正懂得"高山仰止，景行行止"的意义。孔子的伟大，在于他的"君子人格"。自始至终，孔子都在强调我们的文化终极意义是要培养"君子"。"质胜文则野，文胜质则史。文质彬彬，然后君子。"真正的君子有"知不可为而为之"的精神，有家国情怀，是一位脚踏实地、矢志不渝的实践者。

孔子不仅一直在教育他的弟子要做一个君子，而且也以自己的言行来践行君子的誓言，做到知行合一。孔子热烈，赤忱，不计个人得失，虽然落魄，但依旧笃定。两千年来，孔子作为无数读书人的榜样，激励着世人坚守救世济民的大道。

这是他留给我们的宝贵财富，正如余秋雨先生在《君子之道》中写道："君子之道是中国文化的主要遗嘱。"

读《论语》，不仅能让我们感受孔子的伟大，更能让我们认清自己，让我们在逼仄的现实世界里保持一份理性和冷静。《论语》是一部需要用一生去品读的书，不同的境遇会有不同的感悟与理解。人生漫漫，很庆幸我在还很年轻的时候有机会和我的学生一起读这部人生之书。

盛夏夜深，遥对苍穹，心中不禁浮现"仰望星空，脚踏实地"八字，或许这便是两千年前的孔子给予我的最深的启示。

有教无类，善莫大焉

吉林省白山市浑江区八一希望学校　　赵小越

子曰："有教无类。"（第381页）

阅读感悟与反思

"有教无类"区区四字，却内蕴深厚。

《古代汉语词典》中的"教"在"有教无类"中取"教育"义，"类"取"种类"义。钱穆《论语新解》有云："人有差别，如贵贱、贫富、智愚、善恶之类。惟就教育言，则当因地因材，掖而进之，感而化之，作而成之，不复有类。"从中可提取出两层含义：其一，从思想基础来看，"有教无类"可探源至孔子的"性相近也，习相远也"，即"性善论"思想，这也是他施行"仁"政的具体体现；其二，从教学方法来看，教师应做到"因材施教"，发现每位学生的闪光点，不把分数作为评定人才的唯一标准。

孔子的学生里，既有像冉有[①]、孟懿子[②]这样的显贵人士，也有像颜渊、原思这样的贫寒子弟，东汉刘向在《说苑》中便记载了东郭子惠的疑问："夫子之门何其杂也？"[③]可见，孔子"有教无类"教育思想深刻影响了后世。正是由于每个人出生时原始天性相近，在后天不同环境中受到不同影响才会产

[①] 周文王第十子冉季载的嫡裔。
[②] 鲁国孟孙氏第九代宗主。
[③] 东郭子惠问于子贡曰："夫子之门何其杂也？"子贡曰："夫隐括之旁多枉木，良医之门多疾人，砥砺之旁多顽钝。夫子修道以俟天下，来者不止，是以杂也。"

生差别，每个人均应受到平等待遇。而在孔子提出此思想之前，教育一直为贵族阶层所垄断，孔子的这一思想具有划时代意义。

当今社会，"有教无类"教育思想并未因时代变迁而失去它的光彩，教育工作者们仍将它看作是教育改革的重要理论依据。大到宏观之国家层面的教育公平问题，小到微观之班级层面的成绩优劣生对待，"有教无类"所产生的能量是无法估量的，查阅教学资料，不难找出大量利用这一思想进行的教学实践的创新尝试。如何才能很好地贯彻这一神圣的教学思想呢？

与"有教无类"相配套的教学方法是"因材施教"。作为一名普通语文教师，我们无法站在教育制高点上俯视当今的教育现状，从改革层面去实现无差别教育，然而，我们可以从小处着手，立足于课堂，将"有教无类"的教育思想与"因材施教"的方法紧密结合起来，尽我们所能，让所有孩子都能够在语文学科中寻到自己的一方天地。

实践运用与建议

闲门向山路，深柳读书堂

记得研究生刚毕业时，我看到董一菲老师的《千江有水千江月》一书，第二辑"云飞雪落"中有一段话给我的印象很深："有时想，如果命运让我做一个乡村女教师，我也许也会心无旁骛地做得很好，想来，我也许是个不可救药的理想主义者。"

毕业一年后，我考上了特岗教师，去了离家不远的一所乡村学校，担任中学语文老师。一菲老师的话语对我来讲竟一语成谶。如今，我也真的是心无旁骛，每天和我钟爱的文学在一起，和可爱淳朴的孩子在一起，心中别提有多么充实、多么高兴了。许多朋友问我：研究生毕业可以有更好的选择，为何一定要去乡村？这个问题，几千年前的孔老夫子就已经给了我们答案：有教无类。正是这样一个思想影响着我，让我深知哪里的孩子都一样，而乡村的孩子有权利接受更好的教育，拥有更广阔的视野，需要有人来给他们讲述外面的世界！人生苦短，我想体验一些我未曾经历过的人生，未尝不是一种好的选择。

听着孩子们略显稚嫩却认真的读书声，在那一刻，我便可以忘却所有烦恼。

深情朗诵后，求知娓娓来

一直以来，分数都是社会、教师、家庭衡量学生的重要标准，甚至在某些地区是唯一标准。然而，这种评判标准无疑会扼杀青少年的个性，将青少年培养成"千篇一律"的应试人才，而这绝不是我们教育的初衷。根据"有教无类"的教育思想，无论成绩好坏，教师都应该正视学生个性，挖掘每位学生的闪光点，而不是只看重成绩好的学生。我们班上有一位男孩，他的成绩一直保持在班级后三名，让很多老师头疼不已。在平日语文课堂上，他总是思想开小差，功课应付，为此，我也没少做工作，可成效不大。然而，我无意中发现，每次在课堂朗诵点评环节，他无意中自言自语总是能切中要害，并在自由朗读环节认真朗读。对于他来讲，这是课堂上少有的举动。于是，我当场叫他起来朗读，给他机会展示自己，他也不负众望，让同学们吃了一惊。接下来，便是雷鸣般的掌声，他终于不只是大家眼中的"调皮鬼"和"差生"了。在年级举行的诗歌朗诵会上，我推荐了他，他的一首《念奴娇·赤壁怀古》厚重沉稳、慷慨激昂，夺得了年级第二名，令全校师生刮目相看。而在朗诵会后的语文课上，我竟然看到了他闪着光芒的求知眼神……我想，这也许是一个老师最欣慰的事了！

对于很多成绩不佳的孩子来讲，他们只是缺少被关怀与被发现！

过江千尺浪，入竹万竿斜

学校领导给了我一个重任，让我在学校范围内办一个文学社。钟爱文学的我心中自然欣喜，并和学校一些老师谈及开展文学社团的思路和计划。有的老师建议我可以选拔几位"精英"进社，不仅可以减轻工作负担，还可以少很多麻烦，容易出成绩。我却不以为然。

在我的世界观中，语文"精英"并不一定真正热爱语文，而想学好语文的孩子不一定就能拿高分。只要孩子喜欢，我们就应该给他们机会，让他们加入诗意社团，接受传统文化和古典文学的熏陶，慢慢产生学习文学的兴趣，岂不是更值得开心？

我将文学社命名为"晨风"，取自《诗经·秦风·晨风》，愿孩子们像清风一般，开启属于自己的美好时代。唐代诗人李峤的《风》写得好："解落三秋叶，能开二月花。过江千尺浪，入竹万竿斜。"我希望文学社的孩子能有风的蓬勃朝气。所以，在招收成员过程中，我采取自愿报名的原则，每个想学习的孩子都可以来听课，人数创下少年宫社团之最。每个孩子的语文基础不同，我采用分读书小组的方式，把不同语文基础的孩子分到一个组，让基础稍好的学生做组长，基础稍差的孩子可以在好的学习氛围中提升语文素养。在表演课上，许多基础稍差的孩子是表演的主力，让人惊喜！

学校的六一文艺汇演，晨风文学社的孩子们全员上场，为全校师生呈现了代表中国传统文化的汉服表演、诗歌吟唱、朗诵，看着孩子们排练时认真的神情，我觉得我为文学社孩子们所做的一切都是有意义的。

我会尽我所能，让身边的孩子爱上文学，爱上中国传统文化。这已是我此生义不容辞的职责与使命。因此，我会将"有教无类"这一崇高教育思想贯彻到我每一个教学环节中来。

有教无类，善莫大焉。

巧抓"愤""悱"教育机遇,提升学生独立思考能力

浙江省绍兴市永和高级中学　　王立诚

子曰:"不愤不启,不悱不发。举一隅不以三隅反,则不复也。"(第156页)

阅读感悟与反思

愤,心求通而未得;启,谓开其意;悱,口欲言而未能;发,谓开发之。"不愤不启,不悱不发。举一隅不以三隅反,则不复也。"整句话的意思可以理解为:不到(学生)想求明白而不得的时候,(老师)就不去开导他;不到(学生)想说出来而不能的时候,(老师)不去启发他。举一方给他(指学生)看而他不能联想到其他三方,就不再教他了。这阐明了孔子先让学生具有强烈的"求知欲",从而产生积极思考与探索的学习意识,再进行适时、恰当的启发的教育思想,这是孔子在教育方面的深刻体会。不言而喻,孔子反对"一言堂""填鸭式""满堂灌"的陈旧的教学方法和方式。课堂上,不能老师替学生去举一反三、反复列举,而应该启发学生去举一反三、触类旁通。然而,纵观实际的教学过程,限于教学进度紧、教学时间不充裕、预定的教学设计流程太密集等诸多因素,教师往往等不及学生"愤"就"启"了,等不及学生"悱"就"发"了。文言文教学中,文言基础知识点的强行灌输;古典诗歌阅读鉴赏课中,词句赏析时缺乏个性解读的答案摘抄;小说阅读课中,毫无讨论前提下的主题、人物形象的"唯一论";散文教学中,越过文本精读的过程,直奔散文情感主旨的讨论……类似的语文教学现象并不罕见,认真的学生笔记满满当当、色笔区分;学习态度不端正、学习目的性不明

确的学生，久而久之，则把语文课当作了"大脑休息课"和"休闲消遣课"。众多教师一味追求对知识和结论的机械刻板的呈现，无形之中剥夺了学生独立思考的权利，限制了学生的思维自由。时间一久，思维的冲动逐渐淡漠，语文学习的兴趣日趋减少，独立思考与探究的能力更是无从谈起。

鉴于以上现状的描述与分析，有目的性地、有计划性地逐步培养学生学会独立思考的能力，让冰冷的、死的知识"灵动"起来，从而激发学生的学习创造能力，已经迫在眉睫。唯有这样，方可一改死寂、呆板、枯燥的语文课堂，使得语文课堂变得富有激情、充满活力，最终达到提高学生人文素养，提升学生人文底蕴，提高学生语文素养的终极目标。

实践运用与建议

运用生动有趣时新的教学材料，激发学生的学习兴趣

学生的"愤"与"悱"是教学中我们希望学生达到的一种最佳心理状态。只有在这种状态下，教师的启发和诱导才会卓有成效，学生的学习积极性和主动性才能得到发挥，课堂教学的有效性方可实现。但同时，"愤""悱"也是一种教育机遇，这种机遇的把握必须以充分了解并理解学生为前提和基础，对策略、方法、时机进行科学选择。教师需要努力寻找，有时还要在适当时机努力去创造学生"愤""悱"的状态点。

使学生"愤"与"悱"的关键点是培养和激发学生的学习兴趣，诱发其求知欲，无求知欲是不会有"愤"与"悱"的情境的。一个人只有对某一知识具有浓厚兴趣，才会有强烈的求知欲，才会不遗余力地去追求、去探索，并能达到"愤悱"的境界。

例如，执教苏教版高中语文必修五最后一个专题"我们头上的灿烂星空"（这一专题的设置，旨在让学生体验人类文化经典中宇宙论和人生论的精华，认识到人的最高精神境界是体认人与宇宙的关系，进而思考人之所以为人、人生存在的意义和价值等终极追问），所选的文章都是中外思想与文学的经典，对于高二的学生而言，学习难度之大是不言而喻的。我在重点班

中已经完成了《逍遥游》文本的疏通和基本大意的了解，临时接到了要上校级公开课的要求，如何设计这堂公开课，既体现本专题的教学主旨，又能让学生在一节课的时间内有所得（尤其考虑到上课的班级是重点班，重要的是让他们能理解和把握庄子的思想）？我"自作主张"，将教学视野定位在了"鲲鹏"身上，试图通过鲲鹏形象在不同层面的解读（后来确定从三个维度解读：字里行间读鲲鹏；天道无为读鲲鹏；后代文学读鲲鹏），基本明确"鲲鹏"形象在文章里的作用、庄子想象如此雄伟的形象的作用等，拓展延伸，领会在新的时代背景下，"鲲鹏"被赋予的新的象征意义，由此带领学生较为准确地把握庄子笔下"逍遥"的哲学内涵。

在第二板块"天道无为读鲲鹏"的教学过程中，我呈现了与教学目标密切相关的、比较生动有趣的"曳尾于涂"的故事（文言文版），通过对故事诙谐幽默的讲解和演绎，让学生分角色诵读文本，然后顺势引导学生思考这样一个问题：故事中，一个消极避世的庄子，为什么在他的头脑中会出现如此宏伟的鲲鹏形象呢？同学们利用课前搜集的关于庄子的生平、战国社会现实、庄周理想与战国现实的矛盾等资料，各抒己见，畅所欲言，作出了非常精彩的回答，博得了在场观摩教师的一致好评。我认为，在具有严密的授课逻辑性的前提下，结合教学内容和学生的实际水平，采用生动而富有感染力的教学材料来激发学生的学习兴趣，培养其课堂之上的独立思考问题（准确地说是核心问题）的能力，是提高课堂教学效果的一个重要渠道和抓手。

同样是这一堂公开课，第三板块"后代文学读鲲鹏"这个教学环节中，我力求通过学生回顾、背诵后代有关"鲲鹏"的诗句（学生的答案比较丰富，毛泽东、李白、李清照、苏轼等人的诗句纷纷呈现出来），着重让学生分辨后代诗文中的"鲲鹏"形象与庄周笔下的"鲲鹏"的不同点，以及思考其所具备的新的象征意义。有学生回答说："后代诗人将庄周心中的鲲鹏形象幻化为了自己内心的雄心壮志，如同毛泽东所说的：自信人生二百年，会当水击三千里。毛泽东将自我的雄心壮志移注到了鲲鹏身上，他对鲲鹏形象进行了一次新的创造。"对于学生的回答，我表示了极大的认可。在学生踊跃回答、精彩发言的过程中，我灵感忽然闪烁于脑海中，想到了2012年6月神舟九号成功发射升空的国家重大事件，立即与学生进行以下的分享：同学们,此时此刻,我忽然想到了神舟九号,想到了我们国家的宇航员在太空遨游的场景……不仅仅航天事业的发展是如此,我们的人生之路难道不也是如此吗?无待才会逍遥!立克难关,摆脱束缚,趋于永恒,不断超越,进入更加伟大的境界!这一番激情昂扬的陈词,又一次将学生探究"鲲鹏象征意义"的激情点燃,整节课高潮迭起。

培养学生独立思考的能力,开展有效的个性化阅读

董一菲老师曾经说过:"文学强调的是个性,强调'我';而科学强调共性,强调'我们'。"这与语文教学倡导个性化阅读的要求是不谋而合的。所谓个性化阅读,是指一种自由安全的心理状态下的自主、独立、各取所需、探究发现的阅读,是一种走进作品、与作者直面对话的阅读,是一种自由抒发自己的感受、大胆发表自己见解的阅读。(史爱荣、孙宏碧,《教育个性化和教学策略》)而个性化阅读教学就是要求教师转换教学观念,打破传统课堂教学教师唱"独角戏"的格局,摆脱"时代背景—作者介绍—段落大意—中心思想—写作特点"等"五大板块"或"六大程序"的禁锢,把阅读的主动权还给学生,让学生在教师的组织、指导、点拨下自读、自悟。

在引导、培养学生独立思考的能力,开展有效的个性化阅读教学的过程中,教师要非常讲究"问"的质量和技巧,创造一个良好的问题情境,善于把学生的求知欲直接激发到思考的制高点,然后经过巧妙的点拨,使学生豁然开朗。有合理的思维强度和成就感,才能更好地引发学生思考的兴趣和积极性,达到学思的有机结合。

学生在与文本对话时,因人生阅历、生活体验、心理特征以及阅读经验的差异,对文本会有不同的解读,这种对文本的不同反应是学生个性化阅读的结果,是十分可贵的阅读品质的体现。但也不可否认,学生对文本的阅读初感还有许多不合理的成分,缺乏独立思考的能力,其阅读认知水平还处于幼稚的、低层次的阶段,因此需要通过对话,尤其是与教师的对话,推动这种阅读初感向文本更深处发展,与文本更深处的内容展开对话,从而创造出更深厚、更丰富的对话成果。

在执教苏教版必修四《声声慢》的过程中,我将"品读法"贯穿始终,努力倡导有效的个性化阅读。"三品"教学法无疑将古代诗歌教学的传统模式拿捏得恰到好处。我在教学过程中，进行了适时的设疑。例如，将情感基调的把握和诗歌创作背景进行有机结合——在"初品"过程中，要求学生细心体会和领悟，真正实现"初品：整体把握情感基调"的教学目的。但是，我并未就此罢休，而是继续设问：为什么这首词具有这样的情感基调？于是，水到渠成，将李清照的创作前后期进行了完美而又恰到好处的讲解。学生各抒己见，答案包括"亡国之痛、孀居之悲和沦落之苦"等。这个过程，其实就是有效追问、设疑，对于培养学生独立思考文本的能力起到了一定的作用，学生阅读、理解文本的视野瞬间开阔，并且对于文本的把握的准确度也随之而提升。

再如，一次听同行执教戴望舒的《雨巷》，该教师设计了如下教学环节：如何欣赏和分析该诗歌的核心意象——姑娘？教师通过提问、追问和反问等形式，进行了以下点拨：本诗那无尽的忧愁和哀伤凝聚在了一个什么样的形象之中？作者在诗歌中是如何描绘这个形象的？作者为什么反复使用"丁香"来形容这位姑娘？为什么诗歌当中的姑娘需要"愁怨"的气质，难道有高洁和美丽还不够吗？这样一连串问题的设置，引导学生在课堂中较好地完成独立思考的过程，使意象分析与意境领悟和谐相融。

学生个体由于认知水平、情感体验的不同，回答的内容自然不尽相同，但每一个人发表的都是他自己的感受，教师要做的，是给那些体悟还不到位的稍作点拨，让其有豁然开朗之感。一节课下来，学生对主人公的感受相当深刻，甚至还拟出了一些与《雨巷》这个题目相比，更有创意的题目。这是学生与文本之间可贵的"碰撞"，也是培养学生独立思考能力前提下个性化阅读的效果，如果没有教师及时的设疑，营造良好的问题情境，鼓励学生亲身去阅读、感悟，怎么可能会有这样的碰撞？

鼓励学生敢于质疑，并创造条件让学生发现问题

爱因斯坦说过："提出一个问题比解决一个问题更加重要。"语文教学中应保护学生提问的积极性，鼓励学生敢于质疑问难，并创造条件让学生发现问题。如创设情景让学生提出问题，开展各种活动让学生在活动中提出问题，以有助于学生独立思考能力的培养与提升。

（1）从无疑到有疑，引导理解性质疑。面对一篇文章，无论是在课题，还是文中的重点词句，抑或文中看似矛盾的地方，以及文章的结构等方面，都要从无疑到有疑，多问几个为什么。例如，执教《为了忘却的记念》一文，如果让学生细读题目，学生就会提出疑问："忘却是忘记，记念是记住，忘却与记念不是自相矛盾吗？"经过讨论，大家体会到了鲁迅先生用词的深刻与含蓄。诸如此类，在阅读过程中，找出这些矛盾之处引导学生进行发问，往往能加深学生对课文内容的理解。

（2）挑战常规，引导学生批判性质疑。没有对常规的挑战，就没有创造。而对常规的挑战的第一步，就是提问。我们应鼓励学生发表与教师不同的想法以及与作者不一样的看法。例如，在教《鸿门宴》时，有一位学生忽然提出了一个大家都没有想过的观点，他说："我认为司马迁的这篇文章写得不符合事实。①项伯晚上从自己军营跑到敌人军营，项羽这一方为什么完全不知？在两军对峙时期，这种事情可能吗？②项伯回去后，在项羽面前给刘邦说好话，项羽就一点儿也不怀疑他吗？为什么不问他是怎么知道刘邦心里想法的？③刘邦在酒席间，以去厕所为名，偷跑回自己的军营，那么长时间不在，项羽为什么没有早发现呢？为什么没有起疑心？这可能吗？"问题一出，全班哗然。不少学生觉得他说的有道理。但司马迁是著名史学家，他不可能写错吧？针对这几个问题，我组织全班同学讨论，最后得出结论：《鸿门宴》这个故事，确有其事，事情是真实的。但司马迁在记叙这段史实时，运用了文学的手法，加入了生动的描写和一些细节描写，在以上这些地方，艺术构思有可能不够缜密，因而出现了上述漏洞，这是作品的欠缺之处。一个好的质疑比一个好的回答更有价值，能在学习中发现问题的学生，才是真正会学的学生，这也正是学生个性化阅读的一个很好的范例。

（3）引导学生对传统的已形成定论的阅读结果进行质疑。福建省宁德市高级中学张海容老师授课《雷雨》（第二课时）时，围绕着"探究周朴园身上的人性复杂性"这个话题展开教学。在师生对话中，有学生表达了自己对周朴园这个人物形象的看法：周朴园除虚伪、冷酷、残暴之外，他的内心深处也有对鲁侍萍的眷恋和自责。教师巧妙地引用了曹禺《雷雨》序中的语句："我用一种悲悯的心情来写剧中人物的争执。我诚恳地祈望看戏的人们也以一种'悲悯'的眼来俯视这群地上的人们。"学生敢于质疑，甚至提出了"周朴园身上其实有他真情的一面……"。从此见解中，我们可以看出这位学生懂得了用审美的眼光去看待复杂的人性，这种审美意识是富有个性化的，这个过程正体现了学生个体的独立思考能力。

具有独立思考能力的人是有独立意志和自由精神的人，是奋发向上和个性张扬的人，是充满活力和具有开拓创新精神的人，是思维品质良好和想象力丰富的人，这正是孔子教育思想中给后人的非常重大的启发之一。400年前，法国著名思想家、哲学家帕斯卡尔曾经说过："人只不过是一棵芦苇，是自然界最脆弱的东西，但他是一棵能思想的芦苇。"因而他又说："人的全部尊严就在于思想。"因此，引导学生学会独立思考，是对他们最大的尊重，是我们教学的根本目标，需要我们不断地去努力追求。

附：孔子教育箴言

（1）子曰："学而时习之，不亦说乎？有朋自远方来，不亦乐乎？人不知而不愠，不亦君子乎？"（第3页）

（2）子曰："君子食无求饱，居无求安，敏于事而慎于言，就有道而正焉，可谓好学也已。"（第18页）

（3）子曰："温故而知新，可以为师矣。"（第33页）

（4）子曰："由，诲汝知之乎！知之为知之，不知为不知，是知也。"（第37页）

（5）子曰："人而不仁如礼何！人而不仁如乐何！"（第49页）

（6）子曰："居上不宽，为礼不敬，临丧不哀，吾何以观之哉？"（第75页）

（7）子曰："里仁为美，择不处仁，焉得知！"（第76页）

（8）子曰："朝闻道，夕死可矣。"（第84页）

（9）子曰："见贤思齐焉，见不贤而内自省也。"（第92页）

（10）子贡问曰："孔文子，何以谓之文也？"子曰："敏而好学，不耻下问，是以谓之文也。"（第112页）

（11）子曰："已矣乎！吾未见能见其过而内自讼者也。"（第124页）

（12）子曰："贤哉回也！一箪食，一瓢饮，在陋巷。人不堪其忧，回也不改其乐。贤哉回也！"（第135页）

（13）子曰："知之者，不如好之者。好之者，不如乐之者。"（第141页）

（14）子曰："默而识之，学而不厌，诲人不倦，何有于我哉！"（第152页）

（15）子曰："三人行，必有我师焉。择其善者而从之，其不善者而改之。"（第167页）

（16）子曰："不在其位，不谋其政。"（第193页）

（17）子曰："岁寒，然后知松柏之后凋也。"（第221页）

（18）子曰："知者不惑，仁者不忧，勇者不惧。"（第222页）

（19）子曰："论笃是与，君子者乎？色庄者乎？"（第265页）

（20）子曰："君子成人之美，不成人之恶。小人反是。"（第287页）

（21）子曰："其身正，不令而行。其身不正，虽令不从。"（第301页）

（22）子曰："君子和而不同，小人同而不和。"（第313页）

（23）子曰："志士仁人，无求生以害仁，有杀身以成仁。"（第363页）

（24）子曰："巧言乱德，小不忍则乱大谋。"（第374页）

（25）子曰："饱食终日，无所用心，难矣哉！不有博弈者乎？为之犹贤乎已。"（第417页）

PART 4

第四辑

跟张伯苓学做教师

何为经典?经历了岁月淘洗,它依旧熠熠生辉,愈加光彩照人,那就是经典。

张伯苓先生一生致力于教育救国,他自始至终葆有一颗赤子之心,以"兼济天下"的责任心来办教育,以开放的文化心态改革教育,锐意进取,推陈出新,建立适合中国国情的办学模式,营造了南开浓郁的育人环境,培育出独具特色的"南开气象"。

岁月不居,时节如流。今天,当我们手捧《张伯苓谈教育》一书,掩卷沉思,依然能感觉到他鲜活的生命力,依旧可以从中体悟到许多教育的智慧。

教育，本该天然

四川省邛崃市平乐中学校　　田　俊

你们在学校所读的书，皆是离开物质来讲，无事实可见，无暇看社会中的一切组织，调查各地的风俗，以及看各处的美景、山川等。借此暑假，你们可出学校，身临物质现象界，与平素所学的相互比较一番。（张伯苓：《张伯苓谈教育》，辽宁人民出版社，2015年版，第40页。以下只注明页码）

阅读感悟与反思

张伯苓先生的这一段话，如同一道曙光，瞬间照亮了黎明前的黑暗，让人豁然开朗，感觉别有洞天。

教育的本质就在于让人理解生活，学会生活，进而幸福生活。人从自然中来，当然要回到自然中去。如若在教育的园地里，少了沾有露水的花蕊，少了翩翩起舞的粉蝶，少了润物无声的细雨，少了蠕动爬行的虫子，少了蝉躁和鸟鸣，少了清泉和流响，那将会是怎样的一幅荒芜残败景象；而活动于这样一个园子里的孩童，又该过着怎样的一种生活。果真如此，教育，将不再是乐园，而是囚牢。

张伯苓先生主张学生要读万卷书，更要行万里路，到自然中去，嗅一嗅花草的芳香，闻一闻泥土的气息，看一看奔流不息的河流，领略一番千载悠悠的名胜古迹；在雨中漫步，感受雨的温润；在风中歌吟，领悟风的洒脱逍遥；在雪地里舞蹈，感受瑞雪的洁白剔透……在与自然风物接触的过程中，领略自然，读懂自然，从而悟透自然，收获新知。在体验中观察，在观察中学习,这正是张伯苓先生远见卓识之处。

张伯苓先生的观点,正好贴合了"中国学生发展核心素养"中"培养全面发展的人"的要求,鼓励学生参与到社会实践当中去,亲眼看世界,亲耳听世界,真真切切读懂世界,这是对书本所学的一种补充和丰富,是对既学知识的一种再认识和运用,是培养学生创新能力和科学精神的一剂良方。让学生走出一丈之地的教室,投身到更广阔的天地里去,活出该有的个性,永葆青春之色彩,这才是真正的教育。

在这样的教育模式下,培养出来的人,才是一个大写的人,站立的人。他会始终葆有对自然的敬畏,对一草一木的怜悯,对万物生灵的亲切,始终会以己度人,能做到"己所不欲,勿施于人",既有仰望星空的浪漫,更有脚踏实地的实干,将浪漫与科学完美地结合在一起。这不正是古人所讲的"修身齐家治国平天下"的贤才良士吗?

反观当今之教育,学生终日埋头于书山题海,挣扎于各类测试,一切心思仿佛都在试题和试卷之上。学生两眼一睁,开始竞争,竞争于分数的多寡、名次的先后、成绩的优劣。

教育的可悲之处,正在于在大量的冰冷试题训练中,消磨了大好青春光阴,失去了青春少年的锐气和活力,让千姿百态的人,经过某种程序化的训练,都变成千篇一律的人。这是非常可怕的。人是生而不同的,本该异彩缤纷,不应用一根尺子来丈量所有的人,进而比出个高低优劣。

张伯苓先生的教育思想,是超前的,于今天的教育,无疑是灵丹妙药,可以化解目前教育的许多矛盾。其实,当你擦亮眼睛再来看看这个世界,你会发现世界是如此美好,何苦为难学生,苦苦将其拘囿于一尺之宽的课桌前,终日不得喘息。何不打开门窗,让阳光照射进来,让清风吹拂进来,让孩子的心灵化成一只鸟儿,自由地飞翔在广阔的天地之间,自由成长。

实践运用与建议

张伯苓先生的教育主张强调要让学生投身到社会中去,走到自然中去,要读万卷书,也要行万里路,将课内与课外很好地结合起来。那么,作为语文教师，应该如何来践行老先生的真知灼见，把老先生的教育智慧，转化为自己的教学养分？

一提语文，我们往往想到诗词歌赋、骚人墨客，给人一种不食人间烟火的感觉，有点高冷，有点清高。其实，语文即生活，语文应该是最富有生活味道的一门学科，语文更不止于诗词歌赋，还有更广阔的生活。正如鲁迅所说：无尽的远方，无数的人们，都与我有关。借用过来，也可以如此说——无尽的远方，无数的人们，都与语文有关。所以，让语文回归天然，充满烟火味儿，是你我义不容辞的责任。

如何让语文课充满烟火味儿，更接地气呢？

一场美丽的雪

田老师，今天又是一年一度的高考，前年的这个时候，我也是高考战场上的一名高考生。当然我的那场仗打得不太好。你曾说过，高考决定了我们每个人以后的命运，我们被高考这场游戏分配到了不同的城市，遇到各色各类的人，经历千姿百态的生活。

高二冬天一次上课，你给我讲解试卷，突然外面飘起了小雪，你抬头看了一眼窗外，说了一句"下雪啦，外面下起雪来啦"。然后全班同学都随着你的这句话，齐刷刷地看向窗外，你和我们就这样定格在那一瞬间，这是一幅关于青春的画面。那时候好想看一场大雪，现在我在庐山上看到了这样的风景，却再没有当时的美好的感觉。田老师，你说过：心情决定风景。我带着你说的话，每天都过得很好，希望你还是你，我们永远敬爱的田老师。

这两段话，是一位已毕业的学生发给我的，让我忆起了当年那场突如其来的雪，那节记忆深刻的语文课。

又是枯燥的试卷讲解，我在讲台上慢条斯理地剖析着各种试题的解法答法，学生们在下面都昏昏欲睡了，不觉窗外纷纷扬扬飘起了雪花，我赶紧提醒学生们，"下雪啦，外面下起雪来啦"，学生们一脸惊讶。我放下试卷带着所有的学生到操场上，在漫天飞雪中，与雪共舞，自在无比。学生们用手掌托起一片片飞雪，口中不时吟咏出几句关于雪的诗句——"忽如一夜春风来,千树万树梨花开""雪似梅花,梅花似雪。似和不似都奇绝""白雪却嫌春色晚,故穿庭树作飞花"。

学生在欢声笑语中,感知了北国雪飘的景色,雪花的形状、味道、色泽、温度,都在这样一场意外的相遇下,变得如此美好。最关键的还在于,这样一节语文课,在多年之后,还会被学生忆起,在学生的生命底色上,留下了深刻的一笔。这就是张伯苓先生所说的"你们可出学校,身临物质现象界,与平素所学的相互比较一番"的魅力所在。

一道别样的题

每年寒假,我都会给学生布置这样一个假期作业:请在春节期间,自己创作并书写一副对联,然后张贴在门上,拍照发到指定邮箱里。学生面对这样的作业,感到既新鲜又兴奋,丝毫没有了面对常规类型作业的抵触心理,乐意接受,更乐于去完成。喜欢做的事情,自然就会用心去做。其实,这样一道别样的作业,就很好地把课堂牵引到了课外,实现了课内与课外的融会贯通,将二者有机结合在一起。学生去创作对联,自然要去了解对联的相关知识,创作的基本要求,阅览一些名家名作;要书写和规范张贴对联,自然就要去熟知对联张贴的一些讲究,这就是在"做中学,学中做",是张伯苓先生的教育思想的生动再现。

语文,即生活:

语文,可以是每逢佳节时,师生之间互赠的精心撰写的温暖祝福语;

语文,可以是秋风渐起时,在拾起的落叶上写下的一行行诗句;

语文,可以是春暖花开时,对一朵待放的蓓蕾的驻足凝思;

语文,可以是一次说走就走的旅行;

语文,可以是亲友临行前的一片冰心;

语文,可以是朋友之间的一次促膝长谈;

语文,可以是……

其实,语文,就是生活;生活,即是语文。让语文充满人间烟火味儿,就是如此平常而简单。

教育，立德树人

重庆市江津实验中学校　　周　虹

教育一事非独使学生读书习字而已，尤要在造成完全人格，三育并进而不偏废。（第1页）

阅读感悟与反思

读罢《张伯苓谈教育》，掩卷而思，不禁对这位拥有远见卓识、赤子忠肝、刚毅决心的教育者肃然起敬。从1914年到1947年，在风雨飘摇之时，这位教育先锋走在教育救国的路上，不畏坎坷孜孜不倦，让我们看到了他办教育的公、诚、努力。或许有读者会想，民国时所谈的教育于今天有何意义？考以往，视今朝，测未来，我们现在很多的教育问题在那时都已经存在，他们的思考即使放在今天依然是超前的。

南开，教育的翘楚，精英的摇篮。周恩来总理，温家宝总理，戏剧家曹禺，数学家陈省身……都来自南开。从办学伊始，南开就以"造就学生将来能通力合作，互相扶持，成为活泼勤奋，自治治人之一般人才"为教育宗旨，南开之精神唯诚、唯真、唯信，这不正是做人之本吗？南开之校训"允公允能，日新月异"正是要培养学生公而忘私、舍己为人的道德观念，训练学生文武双全、智勇兼备的能力，这不正是我们所说的立德树人吗？

学问是其次，人格尤为重要。而造成完全人格，必须德育、智育、体育共同发展，即三育并进而不偏废。这不正是我们今天说的素质教育吗？通力合作、日新月异不正是我们今天所说的核心素养吗？"本人办学，为的就是国家"。这殷殷爱国情,拳拳报国志,不正是他的德、他的行吗?

教育着重个人的长进,更须着重社会的进步,这是民国时期所有教育家的共同愿望,也是我们现在教育的根本目的。欲改革国家,必先改革个人,如何改革个人?唯一方法,厥为教育。唯教育可救国。"用教育来改造中国,改造什么?改造他的道德,改造他的知识,改造他的体魄。"

这位"不可救药的乐观者",以他个人的姿态,站在国家的高度,走在奋斗的路上,那清醒的认识,刚毅的魄力,卓越的执行力,不正是我们教育者应该学习的吗?

实践运用与建议

纸条里的人生

那天,我在班上讲史铁生的《我与地坛》,讲到那个身残志坚的作家是如何在母爱和自己的努力下走出人生低谷的。班上第一名眼睛红红的,我离开教室不到三分钟,有个女生就跑来告诉我:"老师,×××哭了。"我把她找来,她一个劲说,没事没事。我知道她有事,但又不想在这样的情况下说。我告诉她,要是心里有什么就写周记或纸条吧。晚自习的时候,她塞给我一张纸条说,史铁生在那样的环境下像铁一样生长,很艰难,他妈妈默默地守候,她很感动。她还说了很多关于家里的事,关于青春萌动的困惑,以及身为第一名的压力。知己知彼,工作就好做多了。那个女生后来在周记里告诉我:老师,我一定要像你所说的那样,学会坚强,学会勇敢。

我们经常说课文就是最好的范本,古人也说文以载道。作为语文教育者,我们要用好每一篇范文。读《沁园春·长沙》,识青年毛泽东的壮志豪情;学《烛之武退秦师》,体会老臣的赤胆忠心和说话艺术;看《记念刘和珍君》,体会文学斗士的责任与爱憎;诵《离骚》,教孩子正直忠贞;品《赤壁赋》,教孩子以达观向上;析《师说》,教孩子尊师重道……如果教育只是做学问,那又如何让学生在当今纷繁的世界自处呢?

演讲中的成长

作为一名语文教师,更要关注学生的身心成长和人格健全。

我的语文课有课前三分钟演讲的惯例,让每个学生都来说说讲讲,锻炼他们的胆量和听说评价的语文能力。有一次轮到了一个很腼腆很害羞的男孩。那天,课堂依旧,在大家的掌声中一个羞红了脸的男孩走上讲台。我照例从讲台上往下走,男孩颤悠悠的细微声音响起:"大家好,我是××。"随后是一片寂静,我扭头一看,讲台上空无一人。"人呢?"随即全班爆发出一阵阵大笑。只见他从讲台下站起来,满脸通红。第二次时,大约多说了那么两句,声如蚊蚋,脸如红球,于是又有了第三次。如此反复,他包揽了那一周的语文课前三分钟。

那个孩子,在大学里曾经给我写过几封信,说道:"老师,谢谢您给了我机会,也给了我信心,让我在挫折面前越挫越勇……假如给我时光宝盒,假如给我再一次选择的机会,我会选择听话懂事。老师,我一直记得生命中最精彩的演讲,也记得您给我讲的苏东坡、贝多芬、海伦·凯勒,还有毕业留言册上的那句话——在生活的征途上务必踽踽前行。无论路途多么遥远,无论征程多么艰难,也不会改变我选择的路线,也不会动摇我心中的信念……所以我会一如既往,持扬弃的态度对待生活,善待生活……"谁会想到当年那个腼腆害羞的男生会变得如此坚强。

语文,特殊的诗行

语文之根本在于教语文知识,行语文之道。如何教?如何行?一是教语文的方法,即会品;二是教语文的知识和技能,即会识;三是教语文的情感,即会爱。有人说,语文就是边缘学科,既没有数学英语那样的地位,也没有物理化学那样揪心,每到高三,语文要为百科让位。可是,我要说,语文是特殊的诗行。作为一名语文人,应如教育家张伯苓所说的"渐要在实地上下功夫,要硬干,要苦干"。语文不仅担负着语言文字的基本能力的培养,更肩负着文化的传承和生命价值的培养的责任,这是立德树人的根本。

有一年,一个孩子送来一份特殊的礼物:

我以为时间带去了曾经的欢笑
我以为时间模糊了过去的风景
当我漫步在梦想的道路上时
我忽略了身旁的你
当我哭泣在失败的边缘上时
我忘记了身旁的你
而你
依然伫立在原来的地方
为我守候那时的风景
而你
依然伫立在原来的地方
为我守护那时的梦境

献给我亲爱的老师，因为有你的坚守，我的梦想才会越来越近；因为有你支持，我的信念才会更加坚定。

这是几年前一个学生留给我的诗行，与其说是留给我的，不如说是留给语文教师的，不如说是留给千千万万默默耕耘的教育者的，因为他们做的不单是教学问，更是树立完全之人格。如今那个孩子如愿地做了一名教师，一名有诗意有梦想的语文人。我们总是在哀叹，哀叹语文的地位尴尬，哀叹教育的无力，其实，教育是随风潜入夜的细雨，润物细无声。

德育之花使生命灿烂

河北省唐山市开滦第二中学　　李春华

教育为改造个人之工具，但教育范围，绝对不可限于书本教育，知识教育，而应特别注重于人格教育，道德教育。（第151页）

阅读感悟与反思

德育是教育的永恒主题。古代教育家孔子说："弟子入则孝，出则悌，谨而信，泛爱众，而亲仁。行有余力，则以学文。"他把德育放在首位，明确要求学生首先要致力于道德修养。北宋司马光也曾说过："才者，德之资也；德者，才之帅也。"把"德"放在首位，是因为"德"调节着"才"的运用，起着灵魂和统帅的作用。在西方，古希腊也很重视德育，苏格拉底认为美德是可以通过教育来培养的。亚里士多德认为，培养美德必须实践，并通过理性的教育，形成道德习惯。

张伯苓先生在书中谈到教育心得时，字里行间充溢着古今中外教育箴言的精髓，微言大义，思想深邃，含义隽永。南开校训"允公允能，日新月异"也体现了先生对德育的重视。"允公允能"就是既要有"爱国爱群之公德"，又要有"服务社会之能力"。张伯苓先生提出"诚"为一切道德事业之本源，"我所望于诸君牢记而守之终身焉者无它，'诚'之一字而已"，希望学生无论走到天涯海角，都"明徵学理，细味不诚无物之言"。"不诚无物"是《中庸》里最令现代读者费解的名句之一，而张伯苓先生却用教育家的独特视角进行了精彩的领悟，让人茅塞顿开，醍醐灌顶。"诚"是万物应有的样子，但现实的经验世界里万物却各有其已有的样子。很多人以为万物已有的样子就是真实的，其实不然，一个没有臻至应有的样子的"物"是不实之"物"。所以，"不诚无物"在先生看来就是"事出于诚，即无不成，偶败亦必有恢复之一日"。

如果不真诚，干什么事情都不会有真正的成功，教育亦然。《大学》里指出："大学之道，在明明德，在亲民，在止于至善。"这里的"道"即教育，而"明明德""亲民""至善"讲的都是德育的内容。这样看来，古人讲"道"，实质上讲的都是今天广义上的德育。教育者如果没有赤诚之心，如何担负"传道受业解惑"的重任！《张伯苓谈教育》一书让我心灵受到了震撼，那些半文半白的箴言警句犹如灯塔引领我前行。一个满怀真诚的教师才会真心钟情于三尺讲台，才会不惧人生中的风霜雨雪，才会不断完善自己，不负流年、不负学生。高山仰止，景行行止，先生风范，虽不能至，然心向往之。

实践运用与建议

语文教学是一门德育与智育联系密切的学科。语文新课程标准指出，工具性和人文性的统一是语文课程的基本特点，语文课程应重视提高学生的品德修养和审美情趣，使他们逐步形成良好的个性和健全的人格，促进德、智、体、美的和谐发展。在语文教学中，德育教育应该是一种渗透，以自然穿插的形式出现。既然是渗透，那就一定要讲究一些艺术性和操作方法。

找出课文中格言式的句子重点讲解

在人类历史上，曾留下过许多晶莹璀璨、光芒四射的格言，这些格言指引许许多多青少年走上成功之路，取得令人瞩目的业绩。那些古今中外、历久不衰的格言或名言，有很多就是人们从文学作品中挖掘、摘引、精选出来的。现在语文课本所选的文章，不论诗词、散文或小说，都是古今中外的名篇，不仅有着丰富的思想内容和出类拔萃的文学特色，而且往往含有一些文情并茂、意味隽永的名言名句。有些课文的思想内容，便是通过其中的一段话来体现的。对于这些闪烁着思想光芒的句子，教师应紧紧抓住，加以重点分析和讲解。如《劝学》中的"锲而舍之，朽木不折；锲而不舍，金石可镂"，鲁迅的《记念刘和珍君》中的"真的猛士，敢于直面惨淡的人生，敢于正视淋漓的鲜血。这是怎样的哀痛者和幸福者"，王安石的《游褒禅山记》中的"而世之奇伟、瑰怪、非常之观，常在于险远，而人之所罕至焉，故非有志者不能至也"等名言警句都可以作为教师在课堂上展开分析的对象。由于作品中格言式的句子具有言简意赅的特点，学生易记、易背，把它找出来重点讲解，对于学生健全思想、完善人格，无疑是注入了有益的营养。

循循善诱，把握课堂德育渗透的突破口

语文课的意义，不仅在于教给学生某种知识和技能，更重要的是，它通过一篇篇凝聚着作家灵感、激情和思想的文字，潜移默化地影响着一个人的情感、情趣和情操，影响着一个人对世界的感受、思考及表达方式，并最终积淀成为人的精神世界中最深层、最基本的东西——价值观和人生观。因此，教师要动情地上好每一堂语文课，既教文，也教如何做人，而且还要有意识、有目的地引导学生去体验课文中蕴含的真情。有时候，一篇课文有多方面的积极意义，存在着多义性。此时，语文教师就要突出重点，抓住中心。在此，可以用综合、对比、选择的方法，找准语文教学中德育渗透的突破口。选入语文教材的文学作品，虽然都有其闪光的思想和精神，但侧重各有不同。当教师教完一篇课文时，完全可以把课文中的高尚情操和闪光思想联系起来，综合在一起，让学生们进行讨论，甚至是争议，最后让他们作出选择。尽管选择各有不同，但无意中却让学生们进行了思想交流，互相取长补短。这种方式，对德育渗透来说，极其自然地突出了重点，有机地统一了课文的文学性和思想性，最终达到作品与学生心灵产生共鸣的效果。

巧用多种语文活动进行德育渗透

进行德育渗透要结合学生的具体特征，现在的学生在正确对待人生和刻苦自律、热爱劳动、服务集体等方面，都比较欠缺，他们看问题往往偏重于表面而忽略了本质。针对这种情况，每一堂课教师都应该有一定的德育教

学目标，把德育渗透到教学过程中去。就我个人的心得体会来说，可以借助丰富多彩的语文活动进行德育渗透，比如让学生每天背诵一句或一段话，常年坚持，受益匪浅。青春期的年轻人需要精神食粮，让内心逐渐丰盈，不迷失，不彷徨。"已识乾坤大，犹怜草木青"，"做有用的事，说勇敢的话，想美好的人，睡安稳的觉，把时间用在进步上，而不是抱怨上，愿你遇见这样的人，愿你成为这样的人"……这类启人深思的话语都是那些可爱的学生们认真挑选，并在课堂上背诵给大家的，这样的课堂经历不仅增加了学生们的知识积累，还提升了他们的人生境界。我时常能幸福地感觉到德育之花悄然开放的魅力，甚至为它心动落泪。钟爱教书育人，是因为遇见美好，创造美好。这样，教师就把德育很自然地渗透到了教学环节当中，从而激发学生的正能量，使其积极乐观，内心温暖，热爱生命。

总之，中学语文教学应与德育有机地结合在一起，充分挖掘语言文字中丰富的思想内容，在教学中自然渗透德育内涵，使学生在获取知识的同时，受到德育的情感熏陶，让学生在语文学习中真正寻找到属于自己的精神家园。

允公允能，师生共成长

河北省武安市第一中学　　董艳荣

学生应根本明了，为学校之一分子，对于校务，有注意之责任。此次风潮之最大原因，可以谓由于师生间太隔膜，换言之即"不知道"三字所误也。故我以为"师生合作"问题，对于南开前途，有莫大之关系。（第58页）

阅读感悟与反思

南开大学发生风潮：学生周刊内数次出现与事实不符的文字，且数篇文章言辞过当；而多数教员认为学生谩骂彼等过烈，函求张伯苓代为调查是否是多数学生意见，以此决定辞职与否。细抚如此文字，我们或许会感到庆幸，因为我们的学生不会暴动、绝无机缘掀起风潮。我们的学生是乖乖女子、温柔暖男，上课行礼会大声问候"老师好"，授课哑嗓会递上暖暖的一杯茶。但你所见闻的就真的是所有吗？你是否在校园公厕里听闻学生对某师"黑玛丽""大脸猫"的代称？是否在百度贴吧中眼见"某师简直渣人一个""某师差得很"的留言及追评？其实，师生之间的隔阂还是存在的。

作为教育者，对于师生间的隔阂，我们不可以视而不见、听而不闻、装傻充愣。因为师生之间产生隔阂，就会日益疏远，甚至发生矛盾，这势必会影响学生的学习兴趣和情绪，影响学生的学习行为和效率，学生的思想品德会扭曲，最终影响学生的学业成绩和发展方向。所以，正确处理师生关系势在必行，而我以为张伯苓所倡导的"师生合作"当是最佳途径。"吾以为在学生能力内可行者，苟师生合作，已足为学校进行上之助力不少……"张伯苓如是说。

但是师生合作关系的建立不是单方面要求教师一厢情愿,而是要求双方两情相悦,尤其是学生方面亲师信道,这样师生合作才可顺利进行。之前,这些都是朦胧想法,今日读过《张伯苓谈教育》方知"允公允能"实为我心中所念。"公""能"教育是张伯苓教育的真谛,他说:南开在短短的几十年中间,居然能由默默无闻的一个私立学校而终至于誉满中外,是自有其独特的教育精神的。这精神即为"公""能"教育,在我看来"允公"就是培养学生的爱国、敬业、献身精神,"允能"就是培养学生的知识、技能和本能。可以说,这是一种熔社会教育与个人教育于一炉的教育,前者是一种社会道德的培养,后者是一种个人能力的锻炼。具体到现代语文教育教学中,学生倘若能理解"允公""允能"的精神,且不遗余力地践行,在"公"上能团结互助、在"能"上能素质提升,那师生合作就是一蹴而就的事情。

实践运用与建议

管理上:知人善任,助产生智

我的课代表有八人,这在我们学校是一道靓丽的风景线。他们分管早读、自习、课前活动、知识强化、作业分发、趣味活动、周测考试和量化积分,各司其职、尽心尽力。我最初只是考虑连年带毕业班,学生的课业负担重,把工作分摊之后教师的工作仍可高效推进,学生也不至于因工作影响学习。

但事实馈赠我惊喜。王凡淑是2016届毕业生,曾任语文课代表分管知识强化,她不仅会在自习课上要求同学及时整理刚讲评的试卷上的错题,还会友情告知这回整理的"诗歌描绘了怎样的景色"和之前整理的"诗歌是怎样描绘景色的"有质的区别;她不仅会在早读结束前五分钟提问背诵内容和前一天所学,还会将当日必背篇目中的易错字逐一板书,然后从字形字义到语境理解进行条分缕析——这就让我从一名教师同时辅导两个班级而分身乏术的窘境中潇洒抽身……她总是想我所想、急我所急,一举手一投足都像极了我。在我眼里,凡淑是真诚的、细致的、认真的、美丽的,她的付出往往让我动容。她毕业我祝福,可因不舍也总生落寞。师生合作能如此,一年幸矣，一生幸矣。

我发现：教师不应单纯地"传道受业解惑"和生硬枯燥地"填鸭式"灌输，而应成为智慧与智慧相互启迪、思维与思维相互碰撞的促成者，就像苏格拉底说的："教师像产婆，帮助学生自己生出智能来。"庆幸，我拙眼识出珍珠，给了学生机会和场合；庆幸，孩子们回馈我最正能量的蓬勃向上！

教学上：延伸课外，引导探索

有人曾做实验，发现教师、学生单向联系的课堂教学，学生最多只能接受教师所讲知识的52%。所以在教学过程中必须注重"教学相长"，加强师生的合作和交流。在此方面我最受益的一点做法是，打破教学仅在课堂、课堂仅是教师独白的固有想法，把语文教学的触角伸向课堂之外，引导学生转变身份以师者姿态来探索。

其一，有自知之明。我偏好用数据来为班级的语文成绩把脉问诊，自然会影响学生也自觉建立数据库促进学习。具体做法是利用Excel表格建立语文成绩折线图。不仅记录每次考试总成绩，还记录每次考试各个题型小数据，不仅把控全班，还关注每个个体。之后将Excel数据转化为折线图，制成成绩卡片发放到各个学生手里，使每一个人都能直观明了地观察分析数据，明确知识漏洞及薄弱点，寻求提分空间，科学理性地看待闪光点，再接再厉。当然，大数据教师把控，小数据学生绘制，前期教师指导，后期学生探索，看起来如乱麻线团的事务一旦形成常规，其实也没那么难处理。所以，在我的班级，学生都会自己分析数据，哪个题型在年级有优势、哪个题型亟须攻克，学生和教师心知肚明。我们不须激趣、不用设境，开门见山直奔主题就好，因为我们师生一心、同仇敌忾，我们都想在有效的40分钟里解决更多的问题。

其二，有不拔之志。"只为遇到更好的自己"，这是我与孩子们探讨学习语文的意义时形成的共识。我们有班级目标，当平均分为105分时我们开始想着突破到110分，当这个目标达成，我们又马不停蹄地奔向115分。我们还设置客观题、主观题、翻译、作文等小分目标。"遇到更好的自己"，对这句话，我们不是说说而已，而是认真的。2017届息巨涵是极具代表性的。高考倒计时50天左右已经突破120分的她成绩有所下降，回落到100～110分。但是她并没有沮丧，也没有慌神，而是拿着个人成绩折线卡片和试卷找到我。经过分析，她的症结在一般论述类文章阅读和写作上，并依此制订出个性化的提分计划。这之后的场景常常就是她把做错的且有疑问的一般论述类文章阅读题给我，我抽课余时间给她单独讲；她把模拟考试的升格作文给我，我批阅修改，帮她制成Word文稿，打印后交与她，她再在纸质件上升格。我们似乎形成了某种默契，没有浪费冲刺阶段的宝贵时间，解决了一个又一个问题。这默契源于双方的不拔之志，而志向又惠于每次夹在作业本中的"传情"小纸条：鼓舞打气、指点迷津……高中语文教师都清楚，一般论述类文章阅读和写作是最难提升的两个板块，倘若不具不拔之志，巨涵怎能50天如一日？倘若我不相信学生有超然之力，又怎肯挑灯批阅、伏案深耕？最终，捷报传来，134分。当她用微信发来5.21元红包时，我明白，她口中的"董先生"并不单纯是一个称呼而已。

教学外：智慧促学，亦师亦友

我们班有几个特殊的本子——复习本、记账本和悦享生活日记本，执笔人是我和学生们。

1. 复习本的使用

高三的教学复习提问必不可少，但高三阶段往往是课本封尘、试卷堆山，教师上课不可能带所有资料，备课本又往往提纲挈领鲜有具体知识的一一记录。教师想要提问，提问什么？这时候倘若在班级中有一本详细记录每天所学知识的记录本，那提起问来就会有的放矢。

相信大多教师都会有这样的体会：提问前一天所学，学生大多对答如流，而将知识再往前多推几日，提问效果可能就不怎么尽如人意了。其实每个人的记忆与遗忘都是有规律的。根据艾宾浩斯遗忘曲线，第一天遗忘速度最快，学得的知识在一天后，如不抓紧复习就只剩下原来的25%。随着时间的推移，遗忘的速度减慢，遗忘的数量也就减少了。到了第六天后，遗忘就很少发生了。也就是说，如果你学习的新知识到第六天还没有被遗忘，那么你很有可能会永远记住它。这就是复习本的全部意义，每日由值日生将一日所学知识点全数记录，小到成语、实词，大到技巧、热点，无一遗漏，长期悬挂在教室语文园地中。在我看来，教师备课本宏观引领，学生复习本具体而微，相得益彰，方便了学生复习，也方便了教师提问。

2. 记账本的使用

提问学生知识，甲不会、乙不会，到第二天教师还能记住是甲乙丙丁戊，还是己庚辛壬癸吗？倘若谁有知识漏洞都不能准确对号，那教育倡导的"因材施教"岂不是一纸空谈？不要推脱班容量大，不要微词会议太多，办法总是想出来的，老祖宗早就道出了"好记性不如烂笔头"这句颠扑不破的真理。记账本应运而生。

当然教师提问无暇顾及记录，那就全权交给分管量化积分的课代表：为回答正确的学生加分，为回答错误的学生减分且将该生不会的问题记录在表格中。积分日结周评，课代表会对有减分记录的同学跟踪收账。

3. 悦享生活日记本的使用

一张一弛，文武之道。学生的学习也不能总将弦紧绷，适时倾吐、适当放松也是不错的。可高三教师一般不要求学生写日记，那我就不能把握学生的心理动态了，怎么办？我想到了班级日记本。这个本子由小组轮流记录，教师定期点评。可发牢骚，可表喜悦；可谈生活，可说学习；可洋洋洒洒数千言，亦可寥寥数语三五句。不管怎样，只有一个要求：真情实感，悦享生活！我们在四堵墙的有限空间中创造了沟通的无限可能，我每天清晨上班第一件事就是打开学生早早送来的班级日记本，喜学生之所喜，忧学生之所忧。我的心理疏导有的放矢，我的教学工作自然如鱼得水。

凡此种种，是我在师生合作上作出的诸多尝试，有成功、有遗憾，做法很简单，简单到难登大雅之堂，可我听说过这样一句话：简单的事情重复做，你就是专家；重复的事情认真做，你就是赢家。这让我坚信：要想在教育的沃土上绽放绚烂花朵必须加强师生合作，而要加强师生合作，就必须采用现代教育模式，转变教学仅在课堂的狭隘观念，变教学为开放的、双向的、多渠道的、立体的信息传递和交换。

欲强中国，端赖新少年

哈尔滨师范大学　　张　烁

学生是一个国家的希望，尤其对于一个动荡、混乱、贫瘠的中国。（第16页）

阅读感悟与反思

张伯苓，中国现代职业教育家，私立南开系列学校创办者。曾受教于美国教育家杜威、桑代克等人。张伯苓把教育救国作为毕生信念，先后创办南开中学、南开大学、南开女中、南开小学和重庆南开中学，接办四川自贡蜀光中学，形成了著名的南开教育体系，为国家培养了包括周恩来在内的大批人才，被尊为"中国现代教育的一位创造者"，是我国近现代教育史上著名的爱国教育家。他在教育实践中，非常重视对学生进行爱国主义教育。他关于爱国主义教育的思想与主张，不仅对当时的教育产生过巨大影响，在急需深入地进行爱国主义教育、振奋民族精神的今天，仍具有重要的现实意义。

张伯苓先生的教育思想有很多，读了《张伯苓谈教育》一书，我最喜欢的一篇即是《欲强中国，端赖新少年》。

对于生活在20世纪上半叶的中国人来说，国家与民族的悲剧似乎每天都在上演着。1894年，甲午战争爆发，中国军队的惨败，使张伯苓武力救国的理想第一次严重受挫。此后，当他亲身经历英国强租中国原在甲午战争中被日本占据的威海卫的过程中"国帜三易"时，悲愤填胸、深受刺激！他说:"念国家积弱至此,苟不自强,难以图存,而自强之道,端在教育。创办新教育,造就新人才,及苓将终身从事教育之救国志愿,即肇始于此时。"从"武力救国"幻想的破灭,到"教育救国"信念的确立,张伯苓的思想经历了曲折发展的过程。从此,张伯苓以教育先行者的姿态出现在中国近代教育的舞台上。其中救国强国最重要的一点即是培养青少年。

张伯苓一直强调,自己最初投身于中国教育事业的动机即是爱国主义,南开学校是在国家遭受外侮的历史背景下产生并发展、壮大起来的。放眼南开学校创办的历程,张伯苓强烈的爱国思想一直贯穿其中,表现之一是对学生进行爱国主义教育。南开学校每周三固定的"修身课"及不定期的各种集会、讲演都成为张伯苓开展爱国教育的重要场合。每次讲演,张伯苓都要对会场进行一番精心的布置,花费不小的心思,讲台上必定高悬国旗,两旁大书"爱国"二字,以激发青年学子对祖国的热爱之情。他还念念不忘告诫青年学生在面对民族危亡之时,千万不能丧失信心,一定要坚定自己的爱国、报国之心,更加努力地以自己所学的知识去改变祖国贫穷落后的面貌。他认为,青年学生首先应具备的品德就是爱国,必须"有爱国之心,兼有救国之力,然后始可实现救国之宏愿"。

读了张伯苓先生的文字,从字里行间可以看出他对教育现象的焦灼,对国家的担忧,对天下的那份责任感。

实践运用与建议

对于教师来说,怎样去指引学生热爱祖国,从小培养其对国家的责任感、使命感呢?我认为可以从以下几个方面入手。

诵读国学经典

从小学到高中,应使学生始终接触传统文化,继承祖辈的经典并传承下去:以先秦诸子百家为根基,了解学习两汉经学、魏晋玄学、隋唐道学、宋明理学、明清实学和同时期的先秦诗赋、汉赋、六朝骈文、唐宋诗词、元曲与明清小说,以及历代史学等。学习《论语》《孝经》《全唐诗》等利于学生身心健康发展，有助于帮助学生树立正确价值观、道德观的优秀中华文化。国学，不仅仅是传统文化，更是一种起源于原始太初而传承于历史现实的活着的正在继续的中正文明、和谐文化，是中华民族核心的价值理念和追求，是数千年来中国人思维方式、行为方式、生活方式、生产方式的高度总结，是中华母亲的乳汁，是中华儿女的血脉、精神和灵魂，是中国人信仰的天空和大地。在实现中华民族伟大复兴迎接中华文化繁荣兴盛的今天，学习国学，仁为己任，任重道远。

了解民族历史

中国是多民族国家，许多文化遗产是各民族共同劳动努力的结晶，教师在讲授知识的同时，必须注意结合历史，日积月累地将民族文化信息一点点传授给学生们，使其学会尊重民族多样性、文化多元性，从而明确自己应该成为历史文化的保护者、传承者，爱国情感亦会油然而生。只有尊重历史，才会更好地创造未来。

培养现代意识

在这样一个多元化、信息化的时代，查找信息是快捷、迅速、方便的，所以很大一部分人，已经慢慢不去动脑思考、动脑记忆了。面对如此景况，教师要教会学生利用多元化的信息，完善自己的知识，建构属于自己的一套文化体系，文明用网，智慧用网，培养学生自主动脑思考的能力，独立解决问题的能力。多开展综合实践活动，例如，"我做社会主人翁""假如我是人大代表""城市的一角"等语文实践活动，让学生养成自主探究学习的习惯，走到哪里，都无惧困难，无惧挑战，迎难而上，勇往直前。

爱国不是一种形式，它更应该是一种精神，一种自发的行动。希望我们的教育者，可以将爱国这一主题合理运用到课堂当中，注入到学生的人生思考当中。

附：张伯苓教育箴言

（1）凡事必有一定宗旨，然后纲举目张，左右逢源。（第3页）

（2）汝日日进步，则益友不求自至矣！自爱爱人，人安得不汝爱乎？（第5页）

（3）勤辟新路。欲舍旧路，须辟新路。对于与其过恶相反之事而勤为之，则善愈固，恶愈远。此长彼消，理之常也。（第6页）

（4）学校对于犯过之学生，犹医生之于病者耳，非如警察之于盗贼也。医生对于病者，宜用最新之疗法。（第7页）

（5）凡人做事切忌自满。自满者，做事不成功之兆也。汝等不可自满，生存一日，即应求一日之进步。（第8页）

（6）欲成事者，须带有三分傻气。人惟有所不为也，而后可以有为。（第9页）

（7）夫教育目的，不能仅在个人。当日多在造成个人为圣为贤，而今教育之最要目的，在谋全社会的进步。（第29页）

（8）我们更不应该对于现在感着满足，因为我们生活的目的是奋斗，不是成功；是长进，不是满足。（第49页）

（9）研究学问，固然要紧；而熏陶人格，尤其是根本。（第51页）

（10）少年人做事，要有眼光，要有合作的精神。有了合作的精神，才有同心一志的意向。（第53页）

（11）我的做事的秘诀，就在快乐，你们如能保持这种乐观的态度，成功如操左券。（第53页）

（12）现在的教育者，不但是不能以"教书""教学生"为满足，即使他能"教学生学",还没有尽他的教之能事。他应该更进一步,"教学生行"。"行"些什么?简言之,就是行做人之道。这样,才能算是好的教育。(第56页)

(13)无论什么样的事,若加思索,必有所因。(第63页)

(14)再说创办人严范孙先生,是中国一个有学问的人。但是他所以能为人佩服,是因为他能够务实。他念书是把书念在身上,不是念在嘴上或手上的。我们学校能从他的家里建起,就是能务实。世界所以能进步,亦是因为能务实。所谓科学方法者,亦就是能务实,不尚空谈的。(第74页)

(15)人必得做事,然后才有用。即无用之人,亦需做事,如同普通人人必行的吃饭、如厕种种琐事,均需自己去做。所以既生为人,便须做事。不过做事的法好,则效力大;做事的法坏,则效力小。(第96页)

(16)射箭不能中,不要怪罪靶子放的地方不正,应该反躬自问射箭人身体站的姿势是否适宜。这种自己改良本身的缺点,才是真觉悟。这种觉悟,可以说是新生活运动最有价值的意义。(第110页)

(17)照心理学说,改坏习惯不是一件容易的事,应该多用改正工夫,须较养成习惯时加一倍力量,常常的作,屡屡的作,方可成功。(第110页)

(18)第一件事情必须先有"为公"的精神,第二件事情就是努力死干。你们应当知道知识能力是越用越增加。(第123页)

(19)南开要的是傻子,不要聪明的。学厚,学傻,要钝。譬如刀吧,磨得很快的,锋刃太尖,这时候不要用。得把他那个虚尖儿磨去了,再用就行了。锋利的容易挫……中国人不如西洋人、日本人的,就是傻和诚不够,太轻飘。(第129页)

(20)以前吾人均有三大病:一,为"怕",二,为"退",三,为"难"。即遇事来即怕,怕而退,退即觉所有各事都难,结果什么事都办不成。(第135页)

PART 5

第五辑

跟佐藤学学做教师

教育改革是当前人们最关注的事情之一，怎样在学校内构建优质、高效、民主和富有创造性的教学，也是所有参与到这场改革运动中的人们强烈希望解决的问题。佐藤学教授基于长期深入细致和富有实践性的研究所著的《静悄悄的革命》一书，可以给我们以很大的启迪。

这是一场"静悄悄的革命"，是一场"随风潜入夜，润物细无声"的革命。读《静悄悄的革命》，带给人的不是一味的说教，也不是教条式的夸夸其谈，而是一种心灵深处的触碰。佐藤学先生仿佛说了大家都看得到却没有说出来的问题，而那些问题是那么显而易见，但大家仿佛已经习惯于它们，甚至已经麻木到不想去改变它们。佐藤学先生以他独特的视角和细致的观察，将教育现状中的一些弊端一一描述出来并提供解决办法，让人眼前一亮、耳目一新。

在真正的"主体"中"润泽"学生

山西省平遥县第三中学校　　郭天明

在欧美,"主体(subject)"这一概念是作为"家臣、从属"的意义来考虑的,这样一来也许就明了了。在欧美,神、自然、国家、真理、民众的意志等,由于成为超越自身的从属者,而被认为获得了"主体性"。学习的"主体性"要求的"谦虚"正是源于这样的"主体=从属"的思想根基。我国主体性的意思,可以说,是从一切从属关系或制约中获得自由,完全根据自己内在的思想而行动。(佐藤学:《静悄悄的革命》,教育科学出版社,2014年版,第12页。以下只注明页码)

阅读感悟与反思

佐藤学先生的《静悄悄的革命》以学生的"主体性"为切入点,论述了错误的"主体性"观念下,教学中的种种错误做法,然后用正确的理解和案例说明了怎样才算真正地发挥了学生的"主体性"。佐藤学先生认为,学生的"主体性",即学生自立、自律的学习,必须在与教师的互动中,在与教材、教室中的学生以及学习环境的关系中来加以认识,才能够得以生成、发展。

我就从"主体性"入手,谈一谈自己的感想:

基于真实意义的"主体性"

第一,欧美社会的"主体性"解读。诚如佐藤学先生所言:在欧美,"主体"这一概念是作为"家臣、从属"的意义来考虑的,神、自然、国家、真理、民众的意志等,由于成为超越自身的从属者,而被认为获得了"主体性"。学习的"主体性"要求的"谦虚"正是源于这样的"主体=从属"的思想根基。

也就是说,欧美社会提出的学生的"主体性"是具有强大的社会约定力的"自由性",学生的"主体性"是在一定的范畴内进行的教学活动的属性之一。因而,学生课堂上的"主体性"因具有"从属性"会得到别人发自内心的尊重和理解。各个体的"主体性"会因别人的尊重和理解而呈现出碰撞的火花,从而获得个体的共同成长。

第二,我国社会的"主体性"解读。佐藤学先生认为,教学是由"学生""教师""教材""学习环境"四个要素构成的。我们所谓的"主体性",只是强调"自己解决""自己决定""自我实现"等,即只针对上述四要素中的"学生"这一要素,这是一种将学生的"主体性"绝对化的倾向。

佐藤学先生说:"我国主体性的意思,可以说,是从一切从属关系或制约中获得自由,完全根据自己内在的思想而行动。"虽然他说的是日本社会,但是同处于儒家文化圈,日本在这一点上和我们国家有着极为相似,甚至是相同的表现和本质。

这样一来,我们所提倡的"主体性"就变成了"我行我素",而且这种我行我素以极端的方式呈现在教师和学生两个层面。在教师而言,为了体现"充分"发挥学生的"主体性",让学生一个劲地发言,而不去"倾听";在学生而言,只顾机械地发表自己的看法,而忽略了和同学、教师真正意义上的交流。结果所谓的"主体性"变成了"固步自封"的遮羞布。

学会倾听的"润泽"的教室

学生的"主体性"体现在教室里(也就是课堂上),学生个性的多样性,从一个侧面说,就是学情。

第一,学生个体多样性和主体性的柔和统一。佐藤学先生说:"学生的状况千差万别,有坐轮椅来上学的,有从中国来的新生,还有的虽说才读二年级,却已能用六年级学生也未必能灵活运用的抽象语言来解释数学的道理。然而,仅仅像这样来描述这种多样性,再怎么详细,恐怕也难提示出什么意义来。而追随这种多样性来记述教室里发生的事情的意义，才是十分必要的。"这种"教室里发生的事情的意义"，我认为就应当包括教师、学生在尊重和理解的基础上的思维碰撞。如果不是这样，只是形式上的发言，只是按照预设进行的发言，尽管每个学生说话的意思变得明了了，但其发言和发言之间的微妙的碰撞或相互联系却没有产生出来。

不同的角度、不同的描述、不同的层次都基于同样的内容，这样的解读，必然是多元的、深刻的、有灵感和创新的，这样的结果，想起来就令人血脉偾张。这样的结果才是学生主体多样性在教学中的真正体现。这样才实现了学生个体多样性和主体性的柔和统一。

第二，"倾听"是"润泽"的灵魂。

"倾听"不是耐心等学生把言发完，更不是在教师已经预设好答案后装作耐心听学生发言，然后按照自己预设的答案把学生的发言"按部就班"地"指点"一番，而是以"被动性"为基础的。

佐藤学先生认为："主体性"根植于去掉了"被动性"的单方面的"能动性"。而与此相对的"润泽的教室"则是以"被动性"为基础的，在那种教室里的活动，是可以被称作"被动的能动性"的"应对"为基础而开展起来的。

"被动的能动性——应对"不仅在学生的学习中是中心，在教师的教学中也是中心。然而，大多数教师却没有理解这一点。只有认真"倾听"的人，才会产生"被动性的应对"，即学生在发言时，不是单方面的不考虑对方状况地发言，而是在发言之前就准备好了对对方的应答。也就是说，"倾听"就是听懂对方，理解对方，更好地应对对方。对教师和学生而言都一样。

所以，学会"倾听"是润泽的灵魂！

实践运用与建议

（1）质疑公开课。在学校里，如果作一个调查，学生一定不会说给他最大收获的是公开课。因为公开课的教师为了给观摩者一个明确的教学目标的达成，一切程序都是预先设置好的，学生只是按照程序办事。即使是借班上课，整个课堂的设计都是教师提前的预设，因而随时的生成才会成为整堂课的亮点。

这样的课堂，学生的"主体性"只是表面上表现为学生的"积极主动"发言，而学生的思路却是按照教师预设的轨道行进的。这种预设的轨道，在保证教学目标完整达成的同时，也抹杀了学生的"个性"的多样性，当然也就谈不上真正体现学生的"主体性"，自然也就没有达成最终的教育目标。

（2）正确评价"无序"的课堂。学校日常教学中，常有这样的教师：他的课堂乱糟糟的，学生想怎么说就怎么说，有时也形不成一个统一的认识或结果，最大的特点就是学生人人主动发言，而发言的目的也不是要怎么样，就是想说说自己的看法，到最后，教师甚至完不成自己的教学预设目标。

如果按照公开课的标准，这无论如何是一节值得大批特批的课，即使在学校的日常教学中，也是校长最恼火、同行内心最不屑的课。然而，这样的教师所带班级的成绩往往是最好的，这样的教师也往往是学生最喜欢的。

为什么？

教师是在真正地"倾听"！

当学生所答和教师所预设的答案不一致时，这样的教师往往表现出对学生所答的尊重，而不是"一言堂"。"乱糟糟"的课堂呈现，是学生"率真"的真正体现，因而也是学生"主体性"的"草根式"的展现。学生往往在别的学生"率真"的发言中，获得了灵感和思想的交流。在真实的交流中，学生自身获得了最大化的收益。而这，恰恰是学生在所谓公开课和一般性课堂上难以获得的"倾听"。

"倾听"是"润泽"课堂的灵魂！

打造润泽的课堂，倾听花开的声音

黑龙江省宁安市第一中学校　　才　颖

在"润泽的教室"里，教师和学生都不受"主体性"神话的束缚，大家安心地、轻松自如地构筑着人与人之间的关系，构筑着一种基本的信赖关系，在这种关系中，即使耸耸肩膀，拿不出自己的意见来，每个人的存在也能够得到大家自觉的尊重，得到承认。（第20页）

阅读感悟与反思

传统教学以教师为中心，填鸭式、注入式、满堂灌，学生主体性发挥明显不足，课堂沉闷，缺乏创新。

新课程改革提倡以学生为主体，在这一理念的引导下，课堂活跃了起来，合作、探讨、频繁发言，学生成为课堂主体，参与课堂活动的全过程。

佐藤学教授经过考察发现，"日本小学教室里的特征是闹哄哄（发言过剩），而初中、高中教室的特征是静悄悄（拒绝发言）"。在中国，也有这样的现象存在，造成这一现象的若干原因包括班级人数过多、一统化的教学形式、追求高考成绩等等。由制度的约束性而派生出来的问题相当多，但是绝不仅止于此。学校（教室）的文化、追求虚假主体性的教学中的形式主义等，也是很大的问题。佐藤学如是分析：如果在幼儿园、小学时代过分地加强虚假主体性的话，到了初中、高中后，学生就是尽全力去反抗小学时代被驯服出来的虚假主体性，从而使他们不可能实现自身的自由成长。如果的确是这样的话，那么造成学生到了初中、高中就拒绝发言，常常面无表情地坐在教室里的情景，就不仅仅是初中、高中任课教师的责任了，幼儿园、小学的教师也必须对此负责任。作为一名高中教师，我真的是深有体会。

佐藤学提出的"润泽的教室"不是那些缺少人情味的硬邦邦、干巴巴的关系构成的教室，如：那些吵吵闹闹、发出怪声的教室；那些仅仅是白热化争着发言，学生表面活跃地不断叫着"是的""是的"，高高地举手的教室；那些空气沉闷、学生的身体坐得笔直笔直的教室；等等。

润泽的课堂不是一种理念，不是一种模式，而是一种氛围、一种心情，是那种安心的、无拘无束的、轻柔滋润肌肤的感觉。一个眼神、一个微笑、一个动作，我们彼此都心领神会。

打造润泽的课堂，需要师生的相互理解、相互尊重。在润泽的课堂上，倾听不可或缺。倾听是一种艺术，更是一种智慧、一种境界。只有善于倾听，才能把自己的情感融进学生的情感世界，而真正拥有一颗童心；只有善于倾听，才能为学生那幼小的生命的成长带来不可缺少的呵护和滋润。因此，在课堂上，教师一定要认真听，听懂孩子们的每一句话，虽然他们所表达的语言可能不规范不完整，但是他们所说的代表了他们内心的想法，需要我们教师少一些激昂陈词，多一些热情鼓励，少一些明确表态，多一些真诚倾听。

教师要会听、善听，学生也要会听、善听。

倾听对于学生的学习来说是非常重要的。如今的学校独生子女居多，他们生活条件优越，在家里往往是自己说了算，平时也见多识广，在人面前好表现，生怕比别人差。课堂上往往是教师一提出问题，他们不假思索就举手，于是常常答非所问，或者是别人才说一半，他们就插进来，别的同学发言他们不听，一门心思争发言，全然不顾别人的回答，而有时连他们自己都不知道要说些什么。这样不仅自己没学到知识，也影响了别的同学的思考。

语文课堂非常注重人文性，有许多东西往往只能意会不能言传，如果我们用心倾听学生的发言——回答问题时的表达，也用心倾听他们无声的表达——一个动作，一个表情，甚至一个眼神，那么定能使课堂变得丰富。通过发言让各种思考和情感相互交流，也一定能真正优化我们的课堂教学，体现学生的主体能动性。

实践运用与建议

打造润泽课堂的前提——走近学生，轻松愉悦

正所谓"三尺讲台育桃李，一支粉笔谱春秋"，在大部分人的意识里，教师离不开讲台，亦给人以高高在上之感。这样，自然拉开了我们与学生的距离。其实，人与人之间的交际是近距离的，这样才能倾心相诉，侃侃而谈。师生交际亦如此，三尺讲台恰恰隔开了我们。就我个人而言，我更喜欢走下讲台，站在学生中间，与他们近距离地接触。

记得我们现任校长刚来我校时，应该是2015年，曾听过我的一节推门课。突如其来的推门而入，使我在心理上毫无准备。我紧张，学生更紧张，更不敢言。如何消除这种紧张心理呢？在进行教学时，我搞了个小动作——把书弄丢了！于是，紧张的课堂穿插了一个帮我找书的小环节，很快，学生就恢复了轻松的学习状态。课后，校长的评价是：课上得很随意，很灵活，学生有轻松的笑，有开心的笑，有领悟的笑，很好。

还有一次，2016年，我上了一节校内公开课，讲的是苏轼的《定风波》，听课的有校级领导、学年领导，还有很多一线教师。高一的孩子们还没见过这个阵势，特别紧张，不敢出声，诵读也放不开。我就问他们："你们还想听谁读呢？"他们就开始小声推荐。之后，我就故作伤心地说："你们也太不懂我了，咱们也太不默契了。"孩子们立刻就领悟了，大笑起来，自然也轻松了。听课的领导、老师们也笑了。其实我从没有在公开课上诵读过，没有勇气。这次，我和孩子们一起，和他们共同面对。课后，负责录像的冰洁老师说：给你录像太费劲，满教室地走。其实，这是我的常态。只有空间距离缩短了，才有心灵距离的缩短。否则，交流只停留在表面。

走近学生，我还有一种体会，就是一定要记住学生的名字，课堂上叫他们的小名。在我的课堂上，"小聪儿""正邦""耀云""波儿""小孩儿""靖淇""婉玉"……我张口就来，他们习以为常。

空间距离缩短,心理距离拉近,学生们就可以安心,无拘无束,感受到自由,自然就会接受我,喜欢我,我们在课堂上才会有更多的生成。

教师走近学生,俯下身子让自己的目光与学生平视,细心地倾听,娓娓而谈,平和地与学生进行面对面的交流。此时,教师淡化了角色意识,和学生形成了亦师亦友的关系,使得课堂氛围融洽而和谐,交流过程展开充分,目标有效达成。正是由于空间距离的拉近,才实现了心理距离的拉近。

培养倾听的习惯

(1)课前诵读。高一上学期,给每位同学上台的机会,更给讲台下学生倾听的机会,内容自选,纵观历史、品读美文、分析名言、鉴赏古诗等等。在一学期的诵读过程中,学生可以学会尊重,学会倾听,在倾听中理解、提升。

(2)课前演讲。有了上学期的基础,下学期转变为脱稿演讲,可以自选文章,亦可原创,台下的同学听其演讲中所包含着的心情、想法,与其心心相印,产生共鸣。

(3)课前诗歌赏析。高二进入古诗文的学习,这对我们的学生来说是个难题,所以让学生在课前,倾听各类诗词的赏析,八个月的时间里我们听了近200首赏析。创设一种情境,提升一份情怀。

(4)课前时事评论。关注时事,评论现象,探究根源,寻求办法,提升思想。

高中三年,我把每节课的前五分钟给学生,每一位学生都曾站在讲台前,每一位学生都是倾听者,更多的时候,他们是在倾听中体会,在体会中理解,在理解中提升。三年,他们听得很多很多,想必,也思考了很多很多。

《静悄悄的革命》一书,例举了很多事实,让我看到了我们在教学过程中存在的问题。以上只是我对课堂教学的一些认识,书中还有关于学习方式、学校教研、课程实践过程的阐述等内容,都让我受益匪浅,我难以言尽,就以该书最核心的阐述来表达我的收获,那就是:"这场教育革命要求根本性结构性的变化。仅此而言,它就绝非是一场一蹴而就的革命,因为教育实践是一种文化,而文化变革越是缓慢,才越能得到确实的成果。"让我们享受变革的过程,享受成长的快乐,享受教育的幸福。

今天，你听讲了吗？

黑龙江省牡丹江市第四中学　　辛东霞

倾听学生的发言，如果打一个形象比喻的话，好比是在和学生玩棒球投球练习。把学生投过来的球准确地接住，投球的学生即便不对你说什么，他的心情也是愉快的。学生投得很差的球或投偏了的球如果也能准确地接住的话，学生后来就会奋起投出更好的球来。这样投球般的快感，我认为应当是教师与学生互动的基本。（第27页）

阅读感悟与反思

大教育家常常是运用比喻的高手，佐藤学先生用了一个"投球"的比喻，形象阐释了师生间的倾听关系。学生倾听教师被视为古今明律，而佐藤学先生则提出教师应该倾听学生，这个道理似乎显而易见，却是最易被教师忽略和难以做到的。32年来，佐藤学先生进过包括中国在内的20多个国家2500多所学校的课堂，听了上万节课，在这本书中，他描述了教师经常出现的问题并推究其原因，让做教师的我学会问自己：今天，你听讲了吗？

虚假倾听的课堂不会有真正的对话

"认真听讲"这是教师告诫学生时最常用的一句话，告诫别人的人怎么可以不认真听讲呢？事实却是，教师常常没有认真听学生讲。

佐藤学先生指出存在于教室的那些虚假的倾听现象："学生在发言时，教师不断地用'哦''嗯'回应，边听边板书、整理学生发言的要点；听了学生的发言后，教师重复、确认学生的发言；请其他学生补充前一个学生的发言或者教师来补充学生的发言……"

课堂上，尤其是公开课上，积极举手发言的学生从来都被视为教师的掌上明珠，所以，学生为了得到来自教师的表扬，就在教师问题说出口的第一时间举起了小手，展现他们洪亮的声音和各种各样的手势或表情。而热不热闹也是长久以来评价教师教学水平的标准，所以，为了一句"你真棒"，为了一个热闹的课堂，教师和学生们全力以赴，一堂课忙得不亦乐乎。然而没有倾听的"对话"只不过是不入耳的喧嚣。学生没能认真倾听教师，教师更没有认真倾听学生，因为学生回答问题之后，思维并没有被教师引向深广，学习力并没有得到提升。

那么，造成虚假倾听的原因何在？

是因为教师关注的不是学生本身，而是教师设定的教学进度，只想着按既定的教学计划上课，在倾听的同时，教师还在想着下一步怎么办，甚至千方百计地引导学生的发言按照自己的教学流程来。课堂上，教师更多关注的则是学生的发言是不是自己想要的答案，对于表述不清和模糊的答案很多时候是一带而过。在课堂上，在教师百般提示、诱导下，学生还没有说出教师想要的答案时，教师便会把答案脱口而出。佐藤学教授指出：如果教师总是被"下一步怎么办"的观念束缚着的话，那是不可能产生"欣赏""体味"的倾听理解方式的。

课堂因倾听而润泽

教师常常为没有学生发言而愁，却不为自己没能倾听学生而愁。这才是真让人发愁的。佐藤学先生说：应该追求的不是"发言热闹的教室"，而是"用心地互相倾听的教室"。只有在"用心地互相倾听的教室"里，才能通过发言让各种思考和情感相互交流，否则交流是不可能发生的。

教师在讲课文，但是他的思路主要不是放在已完成的教学设计上，而是放在学生身上：他在观察每一个学生怎样学习，某些学生在感知、思维、识记方面遇到哪些障碍，在教书过程中给学生以智力上的训练。如何做到？苏霍姆林斯基在《给教师的建议》中的一段话可以作为答案："一些优秀教师的教育技巧的提高,正是由于他们持之以恒地读书,不断地补充他们的知识的大海。如果一个教师在他刚参加教育工作的头几年里所具备的知识,与他要教给儿童的最低限度知识的比例为 10∶1,那么到他有了 15 年至 20 年教龄的时候,这个比例就变为 20∶1,30∶1,50∶1。"

实践运用与建议

倾听的前提是敬畏

"问渠那得清如许?为有源头活水来。"名师无一不是好书的拥趸者。李镇西坚持每天阅读一两万字;程红兵老师谢绝应酬,甘做"书生校长";窦桂梅老师每天读书到深夜,自称"读书美容";余映潮老师五十岁初登讲坛,做了大量的读书卡片,每天在书房的时间无法计数。广泛的阅读、深入的思考才可使教师在课堂上旁征博引,纵横捭阖,把课上"活"、上"厚",获得职业的幸福感与尊严感。

在学习李森祥的《台阶》一文时,学生找到描写父亲的一句话——"等父亲从厨房出来,他那张古铜色的脸很像一块青石板"。学生说,这句用了比喻的修辞,生动形象地写出了父亲在发现自己老得挑不动水时的难看神情,表现了父亲面对衰老的事实的痛苦。学生回答时隐隐流露出"这很简单"的神情。"倾听"不止于声音,也可指向其他肢体语言。看到学生的神情,我追问了一句:"为什么用青石板做喻体,而不是其他的事物?"学生听到这个问题愣了一下,没能马上回答,我示意他坐下,让全班学生再次浏览全文,思考。片刻后,有几个学生说道:"因为文章中写到父亲年轻时抬青石板,青石板和父亲关系很密切。"我继续追问:"那么,本体与喻体关系密切有什么好处呢?"学生说:"贴切。""我们接触过这样的比喻句吗?"学生一时想不到许多,我便布置学生分册去找,第二天又印发了几篇有这种比喻句的文章,让学生分析并进行积累。随后,又抛下一个问题:"本体和喻体极近,很贴切,那么,本体和喻体极远,又会有什么效果呢?"学生来了兴致。就这样由课文中的一个比喻句牵连出"近取譬"和"远取譬"的比较,学生明白了那些一望而知的知识里常有一无所知的东西。

教学就像一场旅行，带给我们最深感受的景致未必在我们的计划之中，正是有了那些不确定、那些旁逸斜出的部分，旅行才变得更加刺激、更有魅力。教师肯静下来倾听学生的"异向声音"，师生的思维火花才能碰撞。

倾听意味着接纳

一个已经装满水的杯子不可能再装进水了。在课堂上，展示教师的才华不是目的，引导学生发现他自己的才华才是目的，这需要教师摒弃浮华，抛开虚荣心。不倾听的教师难以培养出宁静思考的学生，不能把学生教浮躁了，又开始埋怨学生的浮躁。

好的教师应该是大地，大地允许任何花朵的开放，不管它是何种色彩何种形状；大地孕育了全部花朵，让它们或展妖娆或吐芬芳；花开时，她不语，花落时，她接纳。

这边风景独好

江西省上饶中学　　陈晓羽

"润泽"这个词表示的是湿润程度，也可以说它是表示了那种安心的、无拘无束的、轻柔滋润肌肤的感觉。"润泽的教室"给人的感觉是教室里的每个人的呼吸与其节律都是那么的柔和。（第20页）

阅读感悟与反思

初选这本书，纯粹是被书名吸引，真正走进这本书，这静悄悄的教育革命却让我的心颇不平静了。虽说佐藤学先生写的是日本的教育，但是怎么与我们现实的课堂那么像？

最为心动的是恋上了佐藤学先生勾勒出来的一间教室，我心向往。他称其为"润泽的教室"，风景独好。"润泽"一下子触动到我，它满足了我对最美好的教室、最美好的老师、最美好的学生、最美好的语文课堂的最理想的想象。那是一种安心滋润之感，让身处其中的每一个人获得心灵的自在。谁也不是课堂的主体，谁又都是课堂的主体。教师是润物细雨，倾听每一朵花开的声音；学生则如沐春风，在平等自由的对话中快乐学习。

实践运用与建议

倾听花开的声音

想要构建这样一个风景最美的教室，教师要有倾听的艺术。

佐藤学给"倾听"作了一个形象的比喻:"好比是在和学生玩棒球投球练习。"不论学生的投球技术如何,教师都能准确地接住。对于教师来说这是一种难得的境界。在现实课堂中,有太多的教师忙着关注自己的教学重点,只留意着自己的教学进度,想着这节课我一定要给学生传授多少知识点,并无太多心思去接太多球。于是,课堂里出现了所谓的标准答案,划分了所谓的优生、"差生"。教室里往往表面一片祥和,但背后却扼杀了多少不一样的心声。

而佐藤学主张"用心地相互倾听",既要倾听到那些精彩的声音,也要听到那些胆怯微弱的声音。错误的声音要引导,弦外之音要细究,抓住一切可能有价值的声音与之进行对话,引导学生进行深入探讨,从而实现每一个学生都无拘无束地交流。

印象深刻的是 2016 年上"中国古代文化常识"公开课,我以课文《孔雀东南飞》为例鼓励学生自己梳理隐藏在其中的文化常识,静悄悄的教室里,突然最后一排的一个男生冒出了嘲笑的声音:"焦仲卿真是逊!"一下子全班哄堂大笑。我也偷偷笑了,问"为什么你这样想?"其实,可能很多人心里都会偷偷地萌生出这样的想法,焦仲卿在这场母亲与妻子的战争中确实没有发挥出恰当的调节作用,但是却很少有人敢于将这种想法大声地说出来。因为课堂中总是不允许出现不和谐的声音,尤其是公开课上。但正是他这个不太和谐的声音却成为了这堂课精彩的碰撞点,我问清楚他的逻辑思路,借机引导学生们思考"为什么焦仲卿发挥不了调和的作用",从而帮助学生走进中国古代礼法宗制文化,探究背后的纲常伦理。

正如佐藤学先生所分享的"豆太"的故事一样,无论什么样的学生的发言或行动,都有他自己的"逻辑世界",学生每一个在无意中说出来的字眼,每一个无心的流盼,每一个或深邃或者戏谑的想法,心灵中每一次觉察不到的搏动,都需要我们用心倾听,欣赏体味,而这些声音都可能成就教室的别样风景。

在对话中实现阅读

想要构建这间最美风景的教室还需要学生实现平等对话。

佐藤学认为教室里应该是"以学为中心的教学",他主张千方百计地促进学生开展交往,实现对话。他提出"活动的,合作的,反思的学习",即是让那种与物、与教材对话,与学生、与教师对话,以及与自我对话的学习成为教学的中心。

任教以来,我一直遗憾,在高中阅读教学中,没有让更多学生真正爱上名著阅读,每本必修教材后面的"名著导读"板块一直名存实亡,形同虚设。因此,我尝试引导学生开展阅读四重对话,走进厚重的经典名著:

通过设计专题讲授,以讲来促读,实现师生之间的平等对话。正所谓"一叶落而知秋",以《红楼梦》为例,曹雪芹独具匠心,在《红楼梦》前五回章节中就对作者的创作意图、主题主线、人物性格结局或明或暗地给予了提示。因此,我整合了前五回的重点内容,将"专题讲授促进文本精读"作为《红楼梦》教学的重中之重,从而帮助学生更深入地了解这样一部鸿篇巨制。

通过落实学案导学,以导来促读,引导学生与文本亲密对话。学案不仅仅对阅读文本进行了知识上的补充,同时也设置了一系列逻辑严密层级分明的问题,让学生带着问题由浅入深地走进文本。学生依据学案中的问题与文本亲密对话,从初步认知文本到慢慢深入理解文本甚至对文本有着自己的思考见解,都是通过学案上的问题成果呈现出来。

通过组织阅读活动,以论来促读,搭建学生之间自由对话的平台,比如读书交流会、名著讲坛、表演话剧、诵读活动、观看影视等等。这些阅读活动,给学生创建一个交流的平台,让学生将阅读过程中的困惑或者是成果进行呈现,通过同学之间相互对话,进行思想上的碰撞,从而收获更深刻的阅读体悟。

通过指导读书笔记,以写来促读,培养学生自我对话、自我反思的习惯。读书笔记记录的成果,既是一次美的收获与保存,同时也是一场学生的思想自由驰骋之旅,从而推动学生对文本深入阅读。这些读书笔记的成果也将成为学生写作实践中的重要素材来源,更好地将阅读成果转化为写作能力。

总之,在师生平等尊重的对话关系中,切实增强学生走进名著的兴趣。

听着学生们自己组织的"阅读谈"活动，看着他们争着分享的读书心得，我也收获了满园春色。

日本教育作家黑柳彻子曾经说："世界上最可怕的事莫过于有眼睛发现不了美，有耳朵欣赏不了音乐，有心灵不知道什么是真，没有感动，没有激情。"很庆幸自己还是那个带有感动与激情的小语文教师，与佐藤学先生为伴，走进这场静悄悄的革命，共享这片最好的风景。

附：佐藤学教育箴言

（1）由于地区的风土和文化、学校的历史和传统、教师的经验和个性、学生的生活和性格等有着很大的差异，因此每个教室都形成了彼此各异的富有特色的面貌，并按各自的状态构筑着各自独特的世界。（第9页）

（2）教学是由"学生"、"教师"、"教材"、"学习环境"四个要素构成的。（第10页）

（3）应当追求的不是"发言热闹的教室"，而是"用心地相互倾听的教室"。只有在"用心地相互倾听的教室"里，才能通过发言让各种思考和情感相互交流，否则交流是不可能发生的。（第18页）

（4）在学校里的学习既不是学生一个人一个人的孤立的活动，也不是没有教师介入而进行的活动。它是在教师的介入下，学生自立地、合作地进行的活动，这才是学校中"学习"的本质。（第31页）

（5）教室里的"交响乐团"也是如此，不可能总是和谐的声音，常有不协调的声音伴随着，这才是自然的。（第37页）

（6）对教师来说，每一个学生的想法和头脑中的表象都相互碰撞、呼应起来的"交响乐"本身，乃是教学的最大妙趣之所在。通过"交响乐团"式的教学，每个学生之间富有内涵的相互学习是否能够开展起来，与教师是否能够尊重每个学生微妙的个别差异，是否能够洞察其差异之间相互学习的可能性是分不开的。（第39页）

（7）没有两所完全相同的学校，也没有两间完全相同的教室。无论哪所学校，哪个教室，其存在的问题都各不相同，因此，要想列举出一个相同的问题来进行讨论几乎是不可能的。即便都是好的学校，也并非都好在同一个

地方，所有好的教师也并非是同一类型的人。（第47页）

（8）我认为，要让学校转变，至少需要三年。第一年，在学校里建立起教师间公开授课的校内教研体制；第二年，提高研讨会的质量，以授课方式和教研活动为中心，重新建构学校的内部组织、机构；第三年，以学生和教师有目共睹的转变为依据，把新的授课方式和课程设置正式固定下来。通过如此三年的教研活动，学校就可能成为一所像样的学校了。（第49页）

（9）作为改革第一年的课题，是要把学校里大多数的教室变成能让学生情绪稳定、相互间能够诚恳、亲热地发言和倾听的教室。反过来即是说，如果能让教室的空气远离浮躁，让学生自然平静的声音重新回到教室，并且教师能够通过对每个学生言行的恰当对应而创造出平和气息的教室来，那么，无论是使用什么样的教材，都能实现与其内容相应的自立的学习、合作的学习。（第58—59页）

（10）只要平时以真诚的态度面对每一个学生，认真地培育他们的学习方法，那么根本不需要害怕。就算当天的授课以失败而告终了，我们要传递的信息也传递出去了。（第72页）

（11）开放了教室，学校内建立起了"合作性同事"关系，那么，学校就有可能向社区敞开大门了。学校的改革只能从内部开始，但是，为了把改革继续深入下去，学校内部的改革必须要有来自外部的支持。（第74页）

（12）21世纪的教师应具有创造学习型课程的才能。一个要求学校具有独立性、教室具有个性的时代已经到来，而具体地表现这种独立性和个性的，就是课程。（第83页）

（13）综合学习能否成功取决于教师自己能否与学生一起共同愉快地学习，这一点比什么都重要。不管教材如何出色，不管资料准备得如何丰富，不管指导方案制订得如何完美，如果教师自己不能与学生一起愉快地学习的话，那么学生的学习也就得不到发展。作为学习设计师的教师，首先要求他们自己要勤奋好学。（第96页）

（14）综合学习最大的魅力就在于从活生生的现实出发进行学习。（第101页）

（15）把"勉强"转换成"学习"，无论在综合学习还是在学科学习中，

都应当成为一个核心的目标。（第 105 页）

（16）所谓学习共同体的学校，是指在这样的学校里不仅学生们在相互学习、成长，作为教育专家的教师也相互学习、提高，家长和市民也参加学习、共同发展。（第 116 页）

（17）为了让相互学习、共同成长的关系在教室里产生出来，必须准备建立一种联系，即必须尊重每个学生作为独立个体的自立，尊重学生在活动的、合作的、反思的学习中所表现出来的个体成长的轨迹，尊重每个学生的个体差异，同时在与学生的互动中去影响每个学生个体成长的轨迹，使学生健康地发展。（第 121—122 页）

（18）学校的改革从对话（相互倾听）出发，这种对话是要把沉默后面蕴藏的声音转化为语言。使迄今为止在办公室里一直不说话的某位教师开口说话、使在教室里一直不说话的某位学生开口说话、使在教师和家长联席会上一直不说话的某位家长开口说话，这就是学校从内部进行改革的出发点。（第 139 页）

（19）走向"学习共同体"的改革意味着一场深刻的变革，它不仅要把学校建成学生相互学习成长的地方，而且也要成为作为教育专家的教师们相互学习成长的地方，成为家长和市民参与学校教育、相互学习成长的地方。（第 143 页）

PART 6

第六辑

跟苏霍姆林斯基学做教师

苏霍姆林斯基是苏联教育思想的集大成者。苏霍姆林斯基一生短暂，但他却持之以恒地探索和孜孜不倦地写作，他把自己的思索、建议和见解全部倾注在了他的著作当中，即怎样培养"真正的人"。《给教师的建议》一书体现出他的教育思想既有浓郁的人文关怀，也有丰富的科学素养。读此一书，等于读了一本教育学与心理学合编。它既有生动的实际事例，又有精辟的理论分析，文字深入浅出，通顺流畅，极便阅读。

读毕掩卷回思，你会为苏霍姆林斯基充满感情地投入和全身心实践的精神深深感动。然后你会感到非常充实和幸福，因为你从此书中获得了很多很多。

无限信仰书籍的力量

云南省曲靖市第一中学　　任　玲

30年的经验使我深信,学生的智力发展取决于良好的阅读能力。(苏霍姆林斯基:《给教师的建议》,教育科学出版社,1984年版,第10页。以下只注明页码)

阅读感悟与反思

阅读是最好的教育。打开学生的精神发展领域,阅读是无可替代的通道。阅读是思考力的基础,是打破顽固思维、走出逼仄狭隘的最好办法。要进行公民教育,要培养学生理性、思辨的品质,要培养有思想的人,阅读是最有效的方式。一线教师都清楚,在今天的功利现实里,学生的读书行为是普遍不被肯定的。原因很简单,反对者认为学生时间紧迫、任务繁重,阅读是在浪费时光。越是层次不高的学校,面对学习吃力的孩子,校长、教师、家长越是主张把他们的时间填满,用加班加点的方式压榨他们的青春,试图压榨出一个好分数来,最后才发现,分数没提升,人也荒废了。其实,学生的生命好比是一块园地,读书就是种花,不读书,园子就荒着,荒得久了,一定会长杂草。当心灵长满杂草,教育已无能为力。有很多在义务教育阶段就被"荒"了的孩子、没有历经真正的阅读培养出纯正趣味的孩子、低级庸俗趣味占据心灵的孩子,将来极可能成为社会的隐患。

让阅读真正发生。光提倡阅读是远远不够的,教师要借助许多方式让学生的阅读落到实处。首先是为学生寻找好书,教师要研究学生的兴趣、爱好、特长，为学生推荐适合的书籍，让学生读起来有兴趣，有欢乐感。其次是通过阅读整本书的体验，来让学生真正体会到阅读的快乐。这一过程中，教师的指导极其重要，苏霍姆林斯基对此有很深的体会，他认为少年们不喜欢读那些有价值的科学书籍和文艺书籍，只阅读一些低劣作品，是因为他们不懂得什么是真正的阅读，不会欣赏作品的艺术价值。再次是实实在在地保证学生的阅读量，甚至有相对明确的朗读、精读与泛读的量的区分。最后就是通过背诵、竞赛、做摘要、文艺朗读会、读书晚会、图书节、纪念日赠书、书籍合作社等活动来激发阅读热情，保证阅读效果。具备了良好的阅读能力，学生的终身发展才可能有坚实的基础。

教师要成为一个终身的阅读爱好者。在学校教育中，教师的阅读，在对学生的兴趣激发上、方法指导上、具体书本的理解与体会上，都有着重大的意义。教师强调一万遍读书很重要，也不及自己真心地陪伴他们读一本好书来得见效。教师建立在读书之上的深厚学养对学生潜移默化的熏陶是极其宝贵的，苏霍姆林斯基认为，只有教师自己把书籍放在精神生活的重要地位，阅读才会成为学生的精神需要。一个有阅读习惯的教师，对学生的影响是深刻的、久远的。有无持续不断的阅读积淀将在一定程度上决定一个教师的专业生命是否长久不衰。一个真正有发展潜力的教师，专业之路能走得长远的教师，必定是热爱阅读、善于阅读的教师。阅读是一种积淀，积淀有多深，行程就有多远。

实践运用与建议

理念：形成自己的语文教育主张

在我的个人介绍里，常常会附上这样几句话：我的语文教育宣言——"做精神世界的美食家，做感悟生命的思想者"。我的教育理念——"我们希望有怎样的世界，就给孩子怎样的教育"。一看便知，苏霍姆林斯基对我的语文教育观念乃至整个教育观的形成，有"塑形"的作用。可以毫不夸张地说，我真正思考什么是好的教育、什么是理想的语文教育等充满复杂性和矛盾性的命题，正是受了苏霍姆林斯基的启迪。正是这样的思考，以及顺着这些思考进行的更为广泛的阅读与实践，才成就了属于自己的语文教育理念和教学主张："经典语文"。"经典语文"就是以阅读经典为一切语文教学活动的精神旨归，主张"修养国学是语文教师的终身课题"，主张语文教育要用最好的精神食粮滋养年轻的生命，以苏霍姆林斯基"无限信仰书籍的力量"为座右铭，引领学生在最美好的青春时光里，亲近经典，读有内涵的书，读"有文脉的书"，读传承人类文化精髓的书，建构丰富的精神家园。

课题：以教师的阅读引领学生的阅读

2006年至2008年，我申报的省级立项课题"亲近经典：语文专题阅读实践与校本教材开发"在学校语文组老师的共同参与下，研究完毕并顺利结题。课题的初衷就是以教师的阅读引领学生的阅读，我们选择了古今中外24个专题进行阅读研究，经课题组成员历时两年的艰苦努力，三卷符合中学生认知实际的讲义出炉了：《亲近经典·诗词卷》《亲近经典·文化卷》《亲近经典·小说戏剧卷》。经过修订完善，正式出版了《亲近经典：高中语文新课程选修讲堂》和《亲近经典：高中语文新课程名著导读》。借助这两个读本，我们以校本选修、课外延伸等方式进行阅读实践。后来，经过实践提炼出来的教学成果"'经典语文'主张与'亲近经典'语文专题阅读实践"，在2014年首届基础教育国家级教学成果评选中获奖。一群语文人的努力，开出了美丽的花朵。

教学：打开一扇窗，滋养一种情怀

在"经典语文"的框架下，我有自己对课堂教学的理解：好的语文课，是寻求宽广的阅读背景，为文本解读带来多元的角度与探寻的深度；上品的教学艺术，是以宽广的阅读背景为支撑的灵活适宜的教学方式的自如选择；理想的语文，是打开视界的阅读和以此为基础的自由理性的良好表达。

所以我们的课堂敢于去除功利。如现当代诗歌单元，一般认为不考就不愿多花力气，而我们却把它当成唤醒诗心的契机来用心做，学生经过中考的"压榨"，对语文的热情已消磨殆尽，我们不惜耗费时间，唤醒渐趋麻木的、厌倦的心。

所以我们的课堂珍惜对阅读取向的引领。每一学期，我都要做几个拿手的课外延伸专题，带领学生徜徉品读，爱上经典。每一时段，我的课堂几乎都是在不断地推荐好书中进行的，一个个值得为青春留痕的名字和一本本书，如带着期望播下的种子，小心地撒在孩子们的心田。一个语文教师最大的乐趣正在于这趣味盎然的尝试，最大的成功则正在于让孩子们喜欢语文、敬畏思想、尊重书籍，真心爱上文字，爱上阅读。

活动：让梦想在仪式化的行为中落地生根

丰富多彩的活动，尤其仪式化的活动，对于阅读而言，是最好的催化剂。曾经，自己教的两个班开办诗歌朗诵会，伴着和谐的配乐，动情地演绎精美的诗；曾经，我们一个年级为期一个月的诗歌朗诵展播，借用学校广播站，营造一个校园的诗意氛围；曾经，班级共同购买好书，建立班级图书柜，一个旧柜子成了我们的"精品屋"；曾经，课堂上学生把自己最喜爱的一本书推介给大家，在扉页写上精美的推介语，与同学们分享；曾经，带着两个班的孩子利用学校网络进行整本书的探究阅读，《雷雨》《边城》《红楼梦》等引发了孩子们不尽的话题；曾经，我们创办"飚风"文学社，做好书荐读，评选"阅读名著"文学之星；曾经，我们的文科班顺着文学文化名人及作品做阅读专题整理，厚重而精彩；曾经，我们组织了新课程名著阅读读书报告会、课本剧表演；曾经，我们组织了课前三分钟美文朗读、滴水穿石读《论语》；曾经，我们放弃八套试卷而选择了假期读书的任务，呈现了一个年级精彩纷呈的《先秦诸子散文选读》读书报告会；还有我们现在正在努力做的"书香校园整体设计与实践"。

感谢18年前读到苏霍姆林斯基。与一本书的相遇，促成了与一群人的相遇，彼此认同，互相影响，形成了自己成长的特殊的精神谱系。这个谱系的核心，就是书籍，就是"无限信仰书籍的力量"。

开发语文教学资源，拨动学生诗意琴弦

黑龙江省哈尔滨市南马路学校　　刘雨霞

每一个孩子就其天性来讲都是诗人，但是，要让他心里的诗的琴弦响起来，要打开他创造的泉源，就必须教他观察和发觉各种事物和现象之间的关系。（第189页）

阅读感悟与反思

学生的诗意情怀来自学生的知识面、周围世界，在某种程度上也取决于教师的精神修养和兴趣。

那么该如何扩大学生的知识面，加强学生与周围世界的联系，拨动学生心中的诗意琴弦呢？我们需要引进一个术语——"语文教学资源"。那么什么是语文教学资源呢？所谓"语文教学资源"就是指凡是能支持语文教学活动的开展，解决语文教学问题所必需的各种条件性、素材性因素都是语文教学资源。它主要指教学活动场所、教学时间、学校设施、仪器设备、师资配备、图书资料、社会信息、校风班风、师生人际关系、精神品质等，即影响语文教育教学活动的一切因素。

我们语文教师只有关注语文教学资源的开发，才能扩大学生的知识面，才能加强学生与周围世界的联系，才能拨动学生心中那根诗意的琴弦，才能激发学生的诗意情怀。

实践运用与建议

开发语文阅读资源，丰厚学生的人文底蕴

培根在《谈读书》中写道，"读史使人明智，读诗使人灵秀……"学生的成长历程就是他读书的历史。欲丰厚学生的人文底蕴，我们应该积极开发语文教学阅读资源，因为在学校里最宝贵的财富应是学生们正在阅读的书籍。每个学校应该有一部分固定开支用于购买图书和订阅报刊，或者学校内班级之间、学生之间应该互相交换书籍进行阅读。整个学校应该形成学生热爱读书的大环境。每周应该设立专门的读书课，每周固定时间开展师生共读、亲子阅读。应该固定时间开展读书分享汇报会，并应该建立相应的读书奖励机制。

开发语文时评资源，培养学生的思考能力

袁枚在《杨花》中说过："杨花与雪花，一样无心绪。不管是何家，随风但吹去。"我们现在的学生缺少独立思考的科学精神。我们应该培养学生的思考能力，经常和学生们一起阅读报纸、观看电影、品评新闻，然后一起就一些社会问题、时政问题、生活现象展开热烈的讨论和交流，甚至争论辩论。开发这种语文时评教学资源，使学校里的学生有了自己对社会的感知、体悟。这样做，既锻炼了学生的口头表达能力，也培养了学生的观察能力与思维能力，更能培养学生实事求是的科学精神，起到一石三鸟的作用。

开发语文习惯训练资源，帮助学生学会学习

心理学家马斯洛说："心若改变，你的态度跟着改变；态度改变，你的习惯跟着改变；习惯改变，你的性格跟着改变；性格改变，你的人生跟着改变。"如果要让学生学会学习，首先应该从培养好习惯着手。学生在养成好习惯的过程中，潜移默化地学会了学习的方法。我们让学生养成学好语文的良好习惯，应该从日常语文学习入手。我们应该把语文教学作为学生培养好习惯的训练场所，比如培养学生良好的学习习惯、培养学生良好阅读的习惯、培养学生良好质疑的习惯、培养学生良好积累的习惯等。

开发语文道德资源，引导学生健康生活

教育家陶行知说："道德是做人的根本。"可见，道德对于一个人一生的重要性。我们应该引导学生健康生活，积极开发语文教学资源，让学生在语文学习过程中成为一个品德高尚的人。我们必须在对学生的教育引导中，在与学生的讨论交流中，坚持立德树人，坚持社会主义核心价值观，坚持对中华民族传统优秀文化、民族精神、传统美德的认同和传承，坚持倡导和践行积极向上、向善、向学的人生价值观，坚持培育学生的文化气质和精神气节，让学生立志、立德、立人，达到身心快乐，健康生活。

开发语文社会考察资源，提高学生的实践创新能力

"纸上得来终觉浅，绝知此事要躬行"，要透彻地认识事物还必须亲自实践。对于学生来说，实践创新能力是何等的重要。我们应该提高学生的实践创新能力，让学生每个假期开展社会考察、研学调查和研究性学习，培养孩子的探究能力、动手实践能力。并且鼓励学生开展小实验、小制作、小发明、小创意等活动，以培养学生的创新能力、动手能力。

开发语文社区服务资源，增强学生的责任担当

在不同的历史时期，人们肩负的责任虽然有所不同，但其本质是相通的。清代的顾炎武将君子的这份担当演化为"天下兴亡，匹夫有责"的慨叹，身处乱世的孟子把这份沉甸甸的责任表述为"穷则独善其身，达则兼善天下"的释然，北宋范仲淹展现其心系天下的"先天下之忧而忧，后天下之乐而乐"的旷达胸襟。我们应该增强学生的责任担当，增强学生的责任意识。每个假期都要组织学生至少参加一次社区服务活动，以此使学生磨炼意志、陶冶情操，增强社会主人翁责任感。我们还要带领学生去参观科技馆、博物馆、爱国主义教育基地，了解现代的科技和农业的发展趋势，让学生记录下自己的独特经历和体会，并且要学生之间彼此交流。梁启超说："少年智则国智，少年富则国富，少年强则国强……"我们要让学生心怀责任，时

刻铭记自己的责任。让我们的学生带着责任上路，带着担当成长。

语文教师对学生的影响是潜移默化的，作为语文教师任重道远。对于语文教学资源的开发，我们语文教师的专业素养至关重要。希望我们语文教师能够不断修炼自我，提升自身素养，不断开发出新的语文教学资源，不断拨动学生心中的诗意琴弦，不断激发学生心中的诗意情怀。

打造思考的课堂

北京师范大学天津生态城附属学校　　王翠翠

对于一个善于思考的学生来说,他在脑力劳动上所花费的时间,大约有三分之一用在阅读教科书上,而三分之二是用在阅读非必修的书籍上面的,因为,说实在的,思考习惯的形成,在决定性的程度上是取决于非必修的阅读的。(第210页)

阅读感悟与反思

在所有的教学科目中,语文应该是最具思想性与思考性的。无论是流传古今的文学作品,还是撼人心灵的诗词歌赋,语文教学都应该在思想境界上对学生有一种引领,让我们的学生成为有思想、会思考的独立完整的人。然而,在中高考的强压下,当下的语文课堂或多或少有些功利性,我们大量做应试题,却忽略了课堂的思想性与思考性。而学生缺乏积极思考的课堂,是失败的课堂,因为我们的教育不应是填鸭式的知识补充,而应是帮助学生进行积极思考和实现自主学习的思想启迪。

实践运用与建议

打造思考的课堂,从阅读开始

我们都知道课外阅读的重要性,正如苏霍姆林斯基认为的:学生思考习惯的形成，在决定性的程度上取决于非必修的阅读。良好的阅读习惯是实现终身学习最有效的途径，而这种习惯的养成，除去家庭环境的影响，语文教师可以说难辞其责。

在高中阶段，鉴于学生课业压力大，课外阅读时间少，我们可以将课外阅读与课内学习相结合，这样既不占用太多时间，又能很好地辅助课堂教学，可谓一箭双雕。比如，在进行《赤壁赋》教学时，可以印发余秋雨的《苏东坡突围》、林语堂的《苏东坡传》的相关内容、苏轼的《超然台记》的原文和译文，作为课前预习的阅读资料。同时指导学生做摘抄和思考笔记，课上教学时分享阅读心得，也可通过设置问题引导学生把阅读所得用于解读《赤壁赋》的精神内涵。

当然，进行课外阅读资料解读时，教师事先要做足功课，自己要有所思考，有所发现，能够针对文章提出问题，引导学生对文章进行深层次的思考。

打造思考的课堂，要珍视课堂上的"寂静"

对于青年教师来说，最怕的就是课堂上的"冷场"，真恨不得自己问完学生立刻就回答，而苏霍姆林斯基却告诉我们：要珍视课堂上的"寂静"时刻，因为此时学生都在积极地思考。除此之外，在学生回答问题时，我们也要做到耐心诚心地去倾听学生的回答。很多教师发现学生说的不对，或过于啰唆，就会打断学生自己讲起来，而这样做的结果就是打消了学生回答问题的积极性。著名语文教师王君老师曾在一次公开课中提问一名学生，那个学生说了很久，王君老师耐心听完，并让他用一句话总结他所说的内容。其实，学生说的过程就是他思考的过程，一句话总结，就是对这种思考进行概括提炼，这也是提升学生思维能力的有效方法。

所以，我们要给学生时间进行这种思维内部的活动，为了保证学生确实是在思考，我们可以让学生在草纸上把这种思维活动呈现出来，这样教师在巡视时就可以通过学生的记录而了解他们的思维过程。为了帮助学生进行有效的思考，教师也可事先提供模板，让学生依模板作答。

比如，在进行《孔雀东南飞》的教学时，总结刘兰芝、焦仲卿和焦母的形象特点，我给出模板：刘兰芝是一个（四字词语概括本身所具有的性格品质）（高度概括主要事迹）的（社会属性）的女子形象。这样不但可以帮助学生少走弯路，规范答题，又给学生提供了思考的方向，不会让学生觉得不知从何说起。

总之，学生在课堂上的思考可以在学生思维内部进行，也可在草纸上呈现出来，但这都需要我们教师给予充足的时间和充分的信任。我们要相信学生能够积极地进行思考，更要为学生创造思考的环境，提供思考的内容，指引思考的方向。

打造思考的课堂，要让每一个学生都有存在感

只有成绩优秀的学生在思考的课堂不是优秀的课堂，更不是思考的课堂。我们的课堂应该是民主、平等、共享的课堂，教师要充分尊重每一个学生，让每一个独立的个体都能感受到他应该获得的尊重与信任。而课堂上的"问题学生"，虽然他们在课堂上表现不佳，甚至惹人厌烦，但是他们仍然是一个独立、完全的个体，他们也有资格获得幸福，也许一离开课堂，他们就能在另一片天空自由翱翔，创造属于他们的辉煌。所以，作为教师，我们要接受学生这种个体发展的多样性和不均衡性，即使做不到因材施教，也能做到尊重个体。

著名语文名师董一菲老师的课堂，就是这样一种能够让每个学生都有存在感的课堂。在一菲老师的课堂上，我真切地感受到了老师给予学生的那种信任和平等。一菲老师关注每一个角落里的学生，总是俯身靠近学生，用眼神询问和鼓励学生，用语言引导和肯定学生。哪怕是师生第一次见面，学生们也很快和老师建立起亲密的师生关系，一堂课下来，几乎全班学生都回答过问题。这样的课堂才真正是每一个学生都有存在感的课堂，是真正的思考的课堂。

打造思考的课堂，教师要注重自我修养的提升

对于青年教师来说，在职业发展的初期，我们总是过度关注自己，我们关注自己怎么讲，却没有关注学生怎么听，怎么学；我们关注自己备课的内

容有没有完全发挥出来,却没有关注学生到底能够接受多少。其实这种过分关注自己的根本原因,是知识的浅薄和能力的不足,是我们对自己的教学能力和学科素养的不自信。

所以,教师尤其是青年教师,要养成终身学习的习惯,注重专业知识和学科素养的学习与提升,多读书,读好书,读名家经典;多学习,好学习,向名师学习。只有这样,我们才能在日积月累中丰富自己的知识,充盈自己的精神,才能在一方小小的课堂,呈给学生一片广阔的天地。

教师的成长与引领

黑龙江省佳木斯市第一中学　　陈春霞

你不仅是自己学科的教员,而且是学生的教育者、生活的导师和道德的引路人。(第101页)

阅读感悟与反思

一本好书就像一盏明灯,能够照亮人们前行的道路。重新拜读教育大师苏霍姆林斯基的《给教师的建议》,品味着深入浅出的文字,感受着文字背后博大的心胸和对学生无私的爱,我有了许多的感想和思考,不禁感叹苏霍姆林斯基的时代虽距今甚远,但他精练的语言、闪光的思想仍能为我们的教学答疑解惑。

弗洛姆说:"就个人而言,肉体的诞生之后,人的诞生过程仍在继续,人的整个一生不是别的而正是诞下自己的过程。"终其一生,人的生命都在更好地发展自己,完成自己,读书就是为了"遇见最好的自己"。苏霍姆林斯基在给教师的建议中特别强调阅读的重要性。

我们每天不间断地读书,不是为了应付明天的课,而是出自内心的需要和对知识的渴求,是为了充实自己的灵魂。苏霍姆林斯基鼓励刚参加工作的年轻教师在繁忙而紧张的劳动中抽出时间来逐渐地、一步步地积累精神财富、智力财富和教育的明智。

对于一个教师来说,最快的成长之路就是多读与专业有关的书籍,这样可以让我们很快熟练专业技能,迅速成长起来。在每天不断的阅读中,教师的知识变得越来越丰富,"教科书在你眼里看来就浅易得像识字课本一样"。不仅如此,在阅读的过程中你会和众名人学者对话交流,他们的经历、思想会丰富你的思想,开拓你的视野,激励你的斗志,你的胸襟会在研究探索中宽阔起来,你的生命会在阅读中丰盈起来。

阅读之后要伴有反思。我们每一位教师应将反思变成习惯,变成一种自觉行为,上课之后"回想""总结"课堂中的优劣得失,坚持那些科学、有效的行为,反思那些不符合学生认知规律和教学规律的做法。

优秀的语文教师还应是一个热爱生活的人。你对生活的感悟,对大自然的热爱,将慢慢渗透于你的骨髓中,内化为你的气质,这份气质将潜移默化地影响着学生,使其在紧张而繁重的学业压力下,不至于变成考试的机器,仍葆有能力去爱,去感受爱,去感受生活的生机。

热爱读书的教师,是一眼汩汩流淌的温泉,学生取之不尽用之不竭;热爱生活的教师,是一座美丽的大花园,学生可以徜徉其间,乐而忘返。

实践运用与建议

教师的成长

教师的阅读和反思将会在你的课堂中生动地呈现出来。我们对一个问题的理解常常是在有了丰富的积累之后才越发清晰。我在阅读了《叶嘉莹说杜甫诗》、《蒋勋说唐诗》、孙绍振的《月迷津渡:古典诗词个案微观分析》等书籍后,再去讲杜甫的《登高》就有了一种豁然开朗的感觉,真正理解了诗圣杜甫的悲天悯人的情怀、沉郁顿挫的风格。有人说教师是文化的传播者。我们的阅读不仅仅是为了上好一节课,更重要的是要把人类几千年积累的生活经验和思想精髓传播下去,读书不仅是教师的一种喜好、一种生活方式,更是一种责任。

有了深厚的积累,教师在课堂上才会真正做到和学生同频共振,着眼点就如苏霍姆林斯基所说的,"将不是关心教材内容的思考,而是对于你的学生的思维情况的关心"。年轻教师常会有这样的感受,尤其是上公开课:只想着把自己准备的精彩内容流利地展现出来,却忽视了学生的思维过程。我曾讲过《小狗包弟》的公开课,听课教师说我和学生的对话是两层皮,没有做到真正和学生对话。当时我对这一评价还不以为然,等到自己对教材有了更深入的探究、解读之后,才明白这一评价的含义。再上课就不再是想着自己下面该说什么,而是能做到关注学生的语言,关注学生的思维角度,真正去听学生的回答,点评也有针对性了。

激发阅读兴趣

怎样才能让学生爱上学习,爱上你教的学科?最重要的是引导学生爱上阅读,使学生能享受到读书的快乐,是"出于爱好,出于求知愿望的阅读,而不是出于背诵和记忆的要求的阅读"。

苏霍姆林斯基特别反对学生死记硬背,他认为死记硬背"会使成年人停留在幼稚阶段,使他们智力迟钝,阻碍才能和爱好的形成"。为了不把学习变成死记硬背,那就要提高学生的理解能力,最好的方法就是让学生大量阅读。我常把自己读过的书籍或了解的书籍推荐给学生,把自己的读书体会与学生分享,引导他们爱上读书。

我曾读过《了凡四训》。在那段阅读的日子里,我每天上课都会兴奋地将我读书的一些感悟分享给学生。其实我知道这本书大部分学生是看不进去的,但我觉得书里的内容真是太好了,所以极力推荐。出乎意料的是真有学生买来《了凡四训》开始阅读,还与同学分享了他的读书心得。

我们学校每周也安排了两节阅读课。教师为学生节选整本书中的几节让其阅读,包括经典著作《红楼梦》《活着》等,畅销书《解忧杂货铺》《三体》《岛上书店》等。在阅读课上学生先自主阅读再交流阅读感受,学生阅读后引发的思考常常让我震惊。课下学生会迫不及待地将整部书读完。

搭建展示平台

苏霍姆林斯基说:兴趣的源泉还在于把知识加以运用,使学生体验到一种理智高于事实和现象的"权利感"。

我们高一学年每周二的选修课,开创性地要求学生自己来讲。能有展示自己的机会，能将自己的研究成果和大家分享，学生都很兴奋，课余时间积极查找资料，制作课件，非常踊跃。学生研究的课题有"三毛研究""汉服研究""校园文学"等等，效果很好。

中央电视台的《朗读者》节目很火爆，我们高一语文组也仿照这一形式举行了"一中朗读者"活动。在每天下午 1:00—1:10，通过广播，学生将自己喜欢的书推荐给大家，读一段文字与大家分享。最初预计只朗读一周，没想到学生积极性很高，来广播室朗读的同学络绎不绝，两个主持人也是兴致盎然，我们决定将"一中朗读者"活动继续开展下去。

学生在参与活动的过程中，是知识的研究者、发现者，是学习的主动者，是知识的主宰者，他们体会到了驾驭知识的快乐。

学生因为爱上了阅读，爱上了学习，爱上了某一学科。阅读让教师和学生共同进步，一同成长。

当我们对教育产生了厌倦时，当我们对学生产生了放弃的念头时，回到苏霍姆林斯基的文字里，从那里去寻找灵感，寻找智慧，寻找胸襟，寻找精神吧！

为我们的教育插上写作的翅膀

山东省新泰市福田实验学校　　于汉芹

教育日记并不是什么对它提出某些格式要求的官方文件，而是一种个人的随笔记录，这些记录是思考和创造的源泉。（第132页）

● 阅读感悟与反思

苏霍姆林斯基让我们明确了认识：应注意积累事实，从具体的事物中发现真理的实质。积累事实的一个途径是教育写作。教育写作指的是教师在教育教学管理的过程中对自己的教育教学进行反思，形成书面文字的一种写作活动，包括"教学反思""教育随笔""教育叙事""教育日志""教育科研""读书笔记"等。这几年一些名师名家的成长经历证明了写作对教师的专业成长有着不可估量的作用，读书写作是教师职业成长的两大法宝，会给自己的工作以及学生带来不可估量的影响。叶澜教授说："一个教师写一辈子教案难以成为名师，但如果写三年反思，则有可能成为名师。"坚持教育写作的教师，最终会成为一名"明师"，比如李镇西、窦桂梅、余映潮、黄厚江、吴非、王荣生、董一菲。他们在教学中反思，在反思中写作，才有了令人仰望的成绩。也有很多的一线普通教师，写着写着就出名了。所以写作最重要的是反省自身，看到最真实的自己，从而改进与提高。写作还可以让我们对教育教学充满灵感和新鲜感，让生命发出不一样的璀璨光辉。

第一，写作可提高阅读质量。阅读是吸收，写作是倾吐。一个人的阅读史就是一个人的精神成长史。当前生活节奏快，知识更新快。我们只有不断地充实和发展自己，主动调整和重新建构自己的知识体系，才会有"源头活水来"。"光看不写，眼高手劣，光写不看，提高太慢。"只有把阅读和写作结合起来才会走得更远。阅读的同时记录自己的感悟，在出发时就领先别人许多步。比如闫学老师，她在研读《给教师的建议》的同时，结合自己的教育教学工作，完成著作《跟苏霍姆林斯基学当老师》，就是阅读与写作相结合的完美体现。

第二，写作可促进多方面的交流。教师写作也成为了与外界交流的一种方式。博客、QQ群、微信群、公众号等都是我们学习交流的平台，我们工作中的经验方法、教学中的疑难困惑、生活中的教育轶事，甚至师生间的纠葛等，都可以借助写作来与五湖四海的人们交流。这对于处于相对封闭环境中的教师来说，实在是一大幸事，可以让我们的教育教学处于开放、互动的状态。

第三，写作可以提升工作品质。在写作的过程中修炼操守、提升境界，享受创造的喜悦。写得多，思考得多，就知道哪些能说能写，哪些不能说不能写，在这种自我修炼、追求完善的过程中，自己的个人能力得到了提升。写作会帮助我们更用心地去观察生活，积累素材，提高思想能力。

第四，写作能提高职业幸福感。幸福是对生命的一种内心体验，读书与写作都是精神上的富有。当你把自己的所思、所想、所见、所闻记下来的时候，把你的每一点成绩和进步、每一次挫折和反思都记下来的时候，你会因你的文字而定格，你会很享受这一过程。这个过程每天都会给你惊喜。作为教师，用文字记录师生的成长，用写作升华自身的价值，是明智的选择。

第五，写作可以激发学生的写作激情。作为语文教师都知道，学生最头疼的是写作文。除了阅读量、生活阅历的问题，还有一个问题就是教师没有激发学生对写作的热情。教师对写作的兴趣和坚持，对学生写作有着重要的影响。特别是语文教师结合自己的创作经验与学生讨论文章构思、谋篇布局、遣词造句时，会更有针对性，教师的下水文对学生来说是一种引领，比起那些满分作文，更鲜活，教师也会树立起自己的威信，可谓一举多得。

实践运用与建议

用文字记录教师成长

刚刚参加工作的时候,由于自己的阅读视野狭窄,仅仅是出于兴致偶然书写,内容也只停留在感怀抒情类。后来与学生相处时间长了,就随手记录下与孩子们之间发生的美好事情。后来写下水文,与孩子们共同写作,共同感动。我一直喜欢用钢笔书写,即使是需要电子版,我还是习惯先手写再敲打出来,虽然麻烦,但我很享受文字从我笔尖汩汩流淌的那份惬意和书写的随心所欲。再后来我的阅读视野逐渐转向教育专著,才有了书写教育叙事的开始。最先是读李镇西老师的著作,受他的影响开始记录与学生的点滴,逐渐记录在博客里,虽然内容比较杂,但往日被淡忘的温馨都逐渐温润起来。比如:一个女生因为我的一句话误以为我不管她了;我上课出示南瓜的图片竟然与一个叫"南瓜"的学生"撞车";校长的承诺;处理儿子与另一个男生的掐架;身体不舒服时同学们的关爱;孩子们凑钱买的扩音器;感恩节因为感慨没有女儿做小棉袄,孩子们竟然买了一条大围巾,署名"你的小棉袄";孩子们的假期来信……这些我一一记录下来,每次回味都是幸福满心,后来逐渐在当地的教育杂志和其他报刊偶有发表,虽然影响不大,但读着自己的文字,竟然也有满满的成就感,满满的职业幸福感。

用文字记录学生成长

(1)名字解读。新学期,我对学生的名字进行解读并抄写在精美的明信片上,作为见面礼送给孩子们。孩子们很惊喜并将之粘贴在语文课本上,随时可见。

(2)建立个人档案。给每个学生建立一个文档,陆续记录与之有关的生活点滴。九年之后再作为毕业礼物送给他们,他们的成长有我的见证。

(3)积累文集。除了作文外,周记也是必修课,重点引导学生记录身边事身边人,并且发动家长参与进来,帮助学生敲打成电子版,毕业之际每人可以拥有自己的文集,这是孩子们与家长共同努力的结晶。家长会为自己的孩子感到骄傲，孩子也会因家长的陪伴而感到幸福。

（4）共读一本书。给孩子们制订读书计划，并定期开展读书交流会，写读书心得，朗读精彩片段，摘抄经典语句。

（5）建立精神家园。号召老师们创建新浪博客或公众号，每周至少写一篇与学生有关的教育文章，让学生慢慢探寻属于自己的秘密花园。

教育写作是教师成长的最好平台，我们要朝着这方向去努力。做教育的有心人，观察、反思、写作、阅读，这是一个教师不断学习探索、不断提高进步的必备要素。希望通过写作向那青草更深处漫溯，探寻教育教学之美妙。

附：苏霍姆林斯基教育箴言

（1）学习上的成就这个概念，本身就是一种相对的东西：对一个学生来说，"五分"是成就的标志，而对另一个学生来说，"三分"就是了不起的成就。教师要善于确定：每一个学生在此刻能够做到什么程度，如何使他的智力才能得到进一步的发展——这是教育技巧的一个非常重要的因素。（第1页）

（2）请你努力做到，使学生的知识不要成为最终目的，而要成为手段；不要让知识变成不动的、死的"行装"，而要使它们在学生的脑力劳动中、在集体的精神生活中、在学生的相互关系中、在精神财富生动而不断的交流过程中活起来，没有这种交流，就不可能设想有完满的智力的、道德的、情绪的、审美的发展。（第22页）

（3）你在任何时候也不要急于给学生打不及格的分数。请记住：成功的欢乐是一种巨大的情绪力量。它可以促进儿童好好学习的愿望。请你注意无论如何不要使这种内在的力量消失。缺少这种力量，教育上的任何巧妙措施都是无济于事的。（第41页）

（4）学生学习越感到困难，他在脑力劳动中遇到的困难越多，他就越需要多阅读：正像敏感度差的照相底片需要较长时间的曝光一样，学习成绩差的学生的头脑也需要科学知识之光给以更鲜明、更长久的照耀。不要靠补课，也不要靠没完没了的"拉一把"，而要靠阅读、阅读、再阅读——正是这一点在"学习困难的"学生的脑力劳动中起着决定性的作用。（第56页）

（5）我们认为，要唤醒那种无动于衷的学生，把他从智力的惰性状态中挽救出来，就是要使这个学生在某一件事情上把自己的知识显示出来，在智力活动中表现出自己和自己的人格。（第69页）

（6）要能把握住儿童的注意力，只有一条途径，这就是要形成、确立并且保持儿童的这样一种内心状态——即情绪高涨、智力振奋的状态，使儿童体验到自己在追求真理，进行脑力活动的自豪感。（第86页）

（7）请你这样告诉学生的家长："你们的孩子的智慧，取决于你们的智力兴趣，取决于书籍在家庭精神生活中占着怎样的地位。"（第94页）

（8）我们力求使父母们懂得：对学业成绩的评定，并不反映对儿童道德面貌的评定。违背了这一点，会给儿童带来很深的痛苦，有时候甚至摧残他的心灵。（第124页）

（9）学生的智力生活的一般境界和性质，在很大程度上取决于教师的精神修养和兴趣，取决于他的知识渊博和眼界广阔的程度，还取决于：教师到学生这里来的时候带了多少东西，教给学生多少东西，以及他还剩下多少东西。对一个教师来说，最大的危险就是自己在智力上的空虚，没有精神财富的储备。（第159页）

（10）如果一个人没有在童年时期就体验过面对书籍进行深思的激动人心的欢乐，那就很难设想会有完满的教育。阅读之所以能成为一种强大的教育力量，是因为人在赞赏英雄人物的道德美和努力摹仿的时候，就会联想到自己，用一定的道德尺度来评价自己的行为和自己的为人。阅读和面对书籍思考，应成为学生的一种智力需要。（第177页）

（11）只有当教师给学生带来思考，在思考中表现自己，用思考来指挥学生，用思考来使学生折服和钦佩的时候，他才能成为年轻的心灵的征服者、教育者和指导者。那种热爱自己的事业而又善于思考的教师，才有力量使教室里保持肃静，使儿童特别是少年和青年用心地倾听他的每一句话，才有力量激发学生的良心和羞耻心，这种力量才是一种无可争议的威信。（第220页）

（12）教育的核心，就其本质来说，就在于让儿童始终体验到自己的尊严感：我是一个勤奋的脑力劳动者，是祖国的好公民，是父母的好儿女，是一个有着高尚的志趣、激情和不断取得进步的完美的人。（第324页）

（13）只有当一个少年在别人身上看到了自己的精神美的一部分的时候，他才是真正地开始了自我教育。（第357页）

（14）培养全面发展的个性的技巧和艺术就在于：教师确实善于在每一个学生面前，甚至是最平庸的、在智力发展上最有困难的学生面前，为他打开精神发展的领域，使他能在这个领域里达到顶点，显示自己，宣告大写的"我"的存在，从人的自尊感的泉源中吸取力量，感到自己并不低人一等，而是一个精神丰富的人。（第368页）

（15）教育者的任务就在于：要使自己的学生遭遇困难；正是在遭遇困难中萌发出能力——一种具有深刻道德性的能力，即珍惜年长一代所给予他们的物质财富和精神财富的能力。遭遇困难是个人幸福和欢乐的泉源，它只有在一个人从社会得到什么和他对社会贡献什么这两者之间达到高度和谐的地方才得以展开。（第372页）

（16）评价是教师手里的一种教育工具，它应当激发儿童的学习愿望，帮助形成这种愿望，而不是对于不愿学习的一种惩罚。（第380页）

（17）请记住：每一个儿童都是带着想好好学习的愿望来上学的。这种愿望像一颗耀眼的火星，照亮着儿童所关切和操心的情感的世界。他以无比信任的心情把这颗火星交给我们，做教师的人。这颗火星很容易被尖刻的、粗暴的、冷淡的、不信任的态度所熄灭。要是我们——做教师的人，在心里也像儿童对待我们那样，把无限的信任同样地给予他们就好了！那将是一种富有人情的相互尊重的美妙的和谐。（第416页）

（18）这一点，在我看来，乃是教育的核心，是教育的最宝贵之点：使一个人想成为好人，想竭尽自己整个心灵的全部力量，在集体的眼里把自己树立起来，显示出自己是一个优秀的、完全合格的公民，诚实的劳动者，勤奋好学的思想家，不断探索的研究者，为自己的人格的尊严而感到自豪的人。（第477页）

（19）如果儿童懂得认识的欢乐和取得成绩的欢乐，那么求知的愿望就将永远伴随着他的学习。（第508页）

（20）请你不必害怕把学校教学的整块时间用在让学生读书上面去！你不必害怕让学生花一整天的时间到"书籍的海洋"里去遨游。让书籍以欢乐的激情去充实年轻的心灵吧！让书籍去占据青年时代吧！如果你的学生感到书籍永远是一种新奇之物，如果年轻人总想单独地躲起来去享受这种瑰宝，

如果在青年当中有许多这样有读书癖的"怪人",那么,我们的社会目前还不能应对的许多棘手问题就会迎刃而解。(第527页)

(21)我们的座右铭是:不要让任何一个学生感到他在智力发展上是不行的,在学习上是注定要落伍的。我深信,在少年和青年当中发生的许多悲剧的根源正在于此:一个人如果感到自己无能为力,他是不可能幸福的;而在缺乏幸福感的地方,就会产生性情孤僻、不相信别人和冷酷无情的现象。(第529页)

PART 7

第七辑

跟杜威学做教师

曾在李镇西老师的文章中读到这样一段话："孩子们，别仅仅因为崇拜我就选择当老师。要是那样，当你真的踏上这条路的时候，你会有很多不如意。"很多人因为对老师的崇拜，选择了这个职业。

一个感性的决定很好下，而任何感性都不能将一份工作高效地完成。《民主主义与教育》中，杜威先生以理性的思考，于旁征博引中对比分析，掀开教育感性的面纱，展露出教育理性的芳容。握卷详览，书中一系列教己育人的良方益策，让人受益匪浅。

教育就是让师生一起成长

陕西省延安市实验中学　　刘　亚

生命就是发展；不断发展，不断成长，就是生命。用教育术语来讲，就是：（1）教育过程本身就是目的，教育过程之外不存在目的；（2）教育过程是一个持续重组、持续构建和持续转变的过程。

正常的儿童和正常的成人都在不断成长。他们之间的区别不是成长和不成长的区别，而是适合于不同情况的不同成长方式的区别。（杜威:《民主主义与教育》，人民教育出版社，1990年版，第51页。以下只注明页码）

阅读感悟与反思

我常常想，教育是什么？学校教育又是什么？教育的本质是什么？目的又是什么？这一系列问题在我读完杜威的《民主主义与教育》一书后逐渐有了答案。教育使人获得知识与人格的发展，获得学习的能力，学会了学习。教育的园地不只在学校，它可以在任何一个有生命的地方，有朝一日人离开了学校，他仍然保持着向上生长的渴望与能力，会使自己的生命更加完善，生活更加有意义。去除了功利性的教育才是最纯粹的教育，才是对学生的长久发展负责的教育，学生也才有可能获得长久的发展。爱因斯坦曾说过："所谓教育，就是当一个人把在学校所学全部忘光之后剩下的东西。"教育关乎思维，关乎素养，关乎人的一生。

作为一名一线教师，该如何去实现这种教育呢？未来的教学将是跨学科的教学，语文教学将不仅仅局限在语文一个场域里，而是各相邻学科交叉重组整合，教师与学生围绕某个项目主题开展深度学习，教室将变成一个广阔、民主、发展的舞台，教学将变成师生智慧的共舞。在学习的过程中，学会如何学习比学习知识本身更重要，学生从知识的被动接受者变为知识的主动构建者，教师从知识的机械传授者变为活动的开发参与者。为了适应这种教学方式的改变，构建突出个性化学习的专属课程就显得尤为重要。一线教师要及早树立改革意识、课程意识，积极应对，尝试着建立自己的特色课程，并使每一个学生都能找到适合自己的课程，从而在自己的专属课程中获得成长。在建设特色课程的动态过程中，教师和学生共同参与，一起讨论、开发、完善，成为课程与学习的主人。在这一路追寻探索的过程中，每个人的思维能力都获得了不同程度的发展，每个人都有可能遇到那个更好的自己。

教育就是让师生一起成长，成长是生命的存在方式。

实践运用与建议

自从教育部在2014年12月16日发布了《关于普通高中学业水平考试的实施意见》之后，高考改革和走班制教学就成为了教育界广泛关注和讨论的热点话题。面对新的教学方式的改革，好多教师或迷惑不解不知所措，或反对质疑冷眼旁观，鲜有积极应对主动学习实践者。

与其被动等待，不如及早尝试。抱着试试看的想法，我近几年小范围尝试构建了自己的特色课程，在课程开发过程中自身的理论和实践水平都获得了提升，也培养了学生更广泛的兴趣爱好，提升了他们的思维品质。我想，这就是学生和我的成长。我开发的"成长系列课程"如下：

"名著阅读"成长课程：推动整本书的阅读与感悟

每个语文老师都知道阅读之于语文学习的重要性，但每个语文老师也都苦恼于学生对阅读的不重视。为了引导学生阅读，我曾尝试每周专门开辟出一节阅读课，但内容仅局限于优秀作文选或杂志之类，目的也不过是提高应试作文技巧。这样的阅读课距离我心中真正有文学味、有文化品位、有思想深度的阅读课很远。我也一度迷茫无奈，难道语文阅读就只限于几本作文书吗？为了追寻心中真正的语文阅读，受董一菲老师和樊阳老师阅读实践的启示，我尝试构建自己的"名著阅读"成长课程。

第一阶段：自由阅读

我利用高一起始年级学生课业负担相对较轻、学生可塑性强的特点，在任教的两个班级开展了"整本名著阅读进课堂"活动，时间持续一个学期。学生的热情很高，在我进行了课程说明与购书审核之后，纷纷将各自心仪的书籍带进了教室。每周我们都会有一节充满浓浓书香味的名著阅读课，学生阅读了大量书籍，种类繁多，中外尽收。

为了督促阅读，强化效果，我在课前演讲活动中设置了"我来推荐一本书"的主题，并把课前演讲的名称改为"开卷三分钟"。光读不行，还得写，学生学期末上交读书笔记和读后感，将阅读感受沉淀深化，转变为自己的思考。我要求学生做评点式读书笔记，每一段摘抄后附一段感想或点评，培养学生的思辨能力。这种集阅读、演讲、写作于一体的立体多元的读书方式，效果良好。

第二阶段：指定阅读

高一的第一个假期，也就是自由阅读结束之后，为了配合苏轼专题教学，我给学生指定了阅读书目《苏东坡传》，要求仍然是做评点式读书笔记并写一篇随笔。有了假期阅读的精神打底，开学后的苏轼专题教学中，学生对苏轼诗文的理解更加深入。教学相长，我也把教学思考撰写成《从"赤壁"看苏东坡思想的复杂性——前后〈赤壁赋〉、〈念奴娇·赤壁怀古〉比较解读》一文，两名学生在学校的征文比赛中分别写了苏东坡的童心和守望而获奖。

第三阶段：选择阅读

这一阶段的阅读我安排在了高一结束时的暑假。刚好这个暑假我通过筛选进入了由猿辅导和理想国主办的"百家名师共品红楼"的名师团，成为白先勇先生寻找的名师。我为学生推荐的阅读书单就是《红楼梦》，要求不变，仍是写读书笔记和读后感。为了促进学生落实阅读和思考，我还要求学生写出最喜欢书中的哪个篇章和人物以及喜欢的理由，并说明自己阅读的疑问。

为了照顾到其他对《红楼梦》确实不感兴趣的学生（因为你无法让所有人同时喜欢上同一件事物），我又开列了备选书目《人生》，相比而言，这部现实主义的中篇小说篇幅不长，描写的又是我们陕北本地的故事，有利于学生阅读。

开学后我让那些完成得好且读书兴趣浓厚的学生组成阅读突击小分队，每学期安排一至两次讲座和讨论，分享读书思考，共话阅读体验。我的"名著阅读"成长课程还在虽艰难却努力地推行中，养成整本书的阅读习惯并获得感悟是我的课程目标。成长，一路相伴。

"陕北历史文化名人"文化课程：彰显地方特色，传承延安精神

在日常教学中，我时常感到文学世界的博大与历史世界的深广，这两个学科彼此交融互相影响。陕北这块厚实的土地上曾涌现出许多历史文化名人，他们就像一颗颗璀璨的明珠，是我们取之不尽的学习宝藏。本着传承地方历史与文化、打通学科界限、开拓知识宽度、感受生命厚度、促进师生成长的目的，我成立了课题组，开发文化课程"陕北历史文化名人"。

"陕北历史文化名人"文化课程的基础是《陕北历史文化名人》校本教材。古代历史人物分卷选取★李自成、★杜甫、★吕布、★吴起、韩世忠、扶苏、蒙恬、范仲淹（带★的为课程重点内容，下同），介绍他们的生平和功绩。革命家分卷选取★毛泽东、★习仲勋、★谢子长、★刘志丹、李子洲、林伯渠，介绍他们的生平和革命事迹。现当代作家分卷选取★路遥、★史铁生、★孙犁、★赵树理、柳青、丁玲、埃德加·斯诺，介绍他们与陕北的关系、在陕北的生活、文学创作的成就。课程的形式有专题讲座、主题班会、旧址参观。

通过"陕北历史文化名人"文化课程的开发，我希望能够在传承地方文化方面尽一点微薄之力，让学生更多地了解家乡的历史和文化，激发他们热爱家乡的情感，同时也提高教师自身的专业水平。

"电影欣赏"审美课程：感悟生命，品味美丽

我是一个影迷，每周看一部影片几乎成了我的生活习惯，从电影里我体

验到了不一样的生命,那些经典影片带给我无尽的感动与思考。而在与学生的交流中,我又痛惜他们视野的狭窄与审美品位的单一。我逐渐意识到,良好的审美品位应该是学生必备的生活素养。所以,我经常利用各种契机给学生推荐电影。因为不想让学生在看电影的时候有太多负担,我基本不会布置作业,想写的学生可以写一篇随笔,写得好的我会推荐发表。因为没负担,这个课程对学生来说是一个额外的奖励。我给学生推荐的影片,经典又有益,以至于一到假期,学生就嚷着让我多推荐几部。

教育与励志类:《三傻大闹宝莱坞》《摔跤吧!爸爸》《地球上的星星》《怦然心动》《死亡诗社》《放牛班的春天》《音乐之声》《阿甘正传》《肖申克的救赎》《翻滚吧!阿信》《逆风飞翔》。推荐理由:每个人都能成为最好的自己。

科幻与动画类:《阿凡达》《侏罗纪公园》《外星人E.T.》《功夫熊猫》《疯狂动物城》《大鱼海棠》《海底总动员》《疯狂原始人》。推荐理由:想象力与创造力让你触摸到更广阔的世界。

历史与社会类:《一九四二》《唐山大地震》《末代皇帝》《我的个神啊》《世界》。推荐理由:看清历史方能明白现在。

纪录片:《蓝色星球》《家园》《迁徙的鸟》《美丽中国》《我们诞生在中国》。推荐理由:在大自然面前人类很渺小,我们要有敬畏之心。

我希望多年后学生回想起来,不仅仅记得我的语文课,还能记得我的阅读和电影、讲座和讨论;我更希望他们离开校园走向社会深入生活,不沉沦于柴米油盐,不耽溺于网游泡沫剧,他们还能有成长的渴望与能力,在现实的琐碎里开辟出一片诗意的园地。

思维的力量,在生活中聚集

重庆市涪陵区涪陵一中　　吴　玲

脱离深思熟虑的行动的知识是死的知识,是毁坏心智的沉重负担。

思维的材料不是思想,而是各种行动、事实、事件和事物的种种联系。换言之,一个人要有效地进行思维,必须已经具有或者现在有许多经验,给他提供对付所遇到困难的办法。困难是引起思维的不可缺乏的刺激物,但并不是所有困难都能引起思维。(第171页)

阅读感悟与反思

作为教师,和学生一样,学校是我们的主阵地,教室是我们的主战场;和学生又不一样,他们是流水的兵,去了又来,我们是铁打的营盘,大部分的人会在自己的教学岗位上守候一生。面对新的面孔,作为教师,我们如何让他们能在学校,这个我们待了很久的地方,找到学习的快乐,有时候确实不是一件易事。

更何况,我所处的学校,生源较差,多数学生来校可谓"动机不纯"。选择这所学校的原因有父母之命、同伴相邀,唯缺"我要去"的念头;到学校的目的有三——完成父母之命、交个好朋友、混个毕业证,唯缺为理想而奋斗的志气。

想要带着这群没信念、少志气的孩子,在这方寸的校园里愉快地成长,让他们在课堂上,找回一些对自己的认识,对人生的思考,是我在教学中常常思考的问题。还好我教的是语文,至少这些孩子们阅读汉字没有障碍,虽然他们不喜欢读，但教材里还有很多名家大师，我可以借用他们的睿智来引领这些迷惘的孩子们找到一丝清晰的光亮。

因此，在教学中让一群不爱读书的孩子静下心来品读名家大师们对过往、对现在、对将来的诠释，是十分重要的。而这些具有时代感、人生跨度感的文字，怎样才能走进孩子们的世界，激发他们反观自我世界，思考一些他们或是没想过，或是不想想，或是逃避不想的问题？这种思维的建构，若是在课堂上不能完成，语文课在这些孩子的世界里就起不到任何作用。

经过几学期的教学实践，我认为要让孩子们爱上稍显古板艰深的高中语文课，形成语文的思维，唯有让这些经典回归到他们熟悉的生活中，促使他们对经典、对大师们形成正确的认识，从而思考自己未行之路。

亚里士多德曾说："思维自疑问和惊奇开始。"课堂上的疑问和惊奇无疑是让课堂"零余者"们参与课堂教学的最佳方式。

实践运用与建议

改变常规，用音乐连接心灵

面对高中日常学习，学生中流行"三怕"：一怕文言文，二怕鲁迅，三怕作文。面对冗长的文言文，这些本来就对学习不感冒的学生，"抗体"指标随触即增。只要一上文言文，学生们好像就从来没睡醒过。面对这样尴尬的状态，若是按照老式的讲法，从作者生平、写作背景讲起，估计不到10分钟，听者兴趣尽失，言者说意全无。

在《琵琶行》的教学中，换一种方式，学生对它竟然"感冒了"。课前，没有任何铺垫，请学生欣赏歌曲《梦中的额吉》。这是《中国达人秀》里一首很有感染力的歌。"额吉"在蒙语中是母亲的意思。这是一位12岁的内蒙古男孩唱给逝去的母亲的歌。他声音清亮、澄澈，借歌声表达对母亲的怀念，极富感染力。当音乐响起时，学生随即从课前的躁动中安静了下来，借助字幕，能听懂歌曲要传达的情感。伴着男孩的歌声，我看到好多女生偷偷地擦拭眼泪，几个平日里话多的男生也静了下来。

直至音乐结束，好几个孩子的眼角仍挂着泪滴。我说："同学们，每个人都有情感最柔弱的一角，虽说男儿有泪不轻弹，可也有下句，只是未到伤心处！你觉得这首歌曲最感染你的是哪几句歌词？"学生们踊跃地举手、发言，他们记忆的能量瞬间爆发。

接下来的课堂，学生在我的引导下去思考音乐对人产生感染力的原因：第一，音乐本身具有符合人们情感需求的要素。第二，人在一个特定的场景，容易触发内心最柔弱的情感。第三，音乐里的故事和人自身的故事有某种重合。学生三三两两的回答，就把《琵琶行》中最核心的理解思路归纳了出来。此时，再引导学生去读"一个和你一样会流泪的男子的故事"，他们兴趣盎然，状态极佳！

巧手丹青，用画笔明真谛

对每个人来说，生命和时间都是极为珍贵的。而年少的孩子好像对这两者以忽视居多，尤其是时间。对一群少年谈生命短暂，韶华易逝，至少我的学生们会摆出一副鄙夷的神情。教学中，故意做学生不喜欢的事也是一件很苦恼的事。使学生由被动地接受这些他们已经知道的道理，变为主动地认识，并能在自己身上激发一些积极的生活态度，肯定比老师的说教效果更好。

于是，在教学《热爱生命》时，我先让学生花5分钟左右的时间熟悉课文。接着以小组为单位让学生用手机搜索符合本文所要表达的热爱生命的图片，并用自己的方式将它临摹下来，15分钟后小组展示。（学校在高一开设了美术素描课，大部分学生具备临摹的能力。）在设想这堂课时，我还很担心，学生们拿着手机偷作其他用途。而在小组合作中，平日里的低头族这次可是拿着手机一本正经地讨论。从选画、执笔、着色，15分钟内多数小组都有条不紊地完成了任务。在小组展示环节，这15分钟内作好的画有好几份都让全班同学赞叹。轮椅上投篮的男孩、掌心里呵护的生命、黑暗里的舞者、干涸大地上的一株小草、火山口下的花朵⋯⋯在小组展示交流中，学生们把本组画作和课文内容融合在一起，作者蒙田要表达的对生之热爱、之执著，学生们无师自通了！

"生之本质在于死。因此只有乐于生的人才能真正不感到死之苦恼。……我眼看生命的时光不多,我就愈想增加生命的分量。我想靠迅速抓紧时间,去留住稍纵即逝的日子;我想凭时间的有效利用,去弥补匆匆流逝的光阴。剩下的生命愈是短暂,我愈要使之过得丰盈充实。"这段话是学生们提出要求当堂成诵的,那一双双闪亮的眼眸中,褪去了平日的慵懒,多了几分精气神。还记得在课后的"随笔小话"中,一个从来都当听众的男生写了这样一句话,并把它分享出来:"年轻就是资本,但如果不努力,你一样血本无归。"

选出生活中孩子们感兴趣的、有能力自主独立完成的学习任务,在课堂有限的时间和空间里,调动他们身上潜在的正能量,促其以自己的能力思接千古,情寻八荒。有形无形中,语文的思维便在基于生活的真情实感中形成了。

让语文课堂彰显逻辑的力量

重庆市奉节中学　　黄晓梅

> 逻辑顺序不是强加于已知的事物的一种形式；它是完善的知识的正当形式。因为逻辑顺序表明叙述的材料具有一种性质，使了解材料的人明白它的前提和它所指的结论。（第236页）

阅读感悟与反思

人脑对现实世界能动的、间接的、概括的反映过程即是思维；思维一般分为形象思维和逻辑思维，狭义的思维通常指逻辑思维。思维与语言有着密不可分的关系：语言形式是思维活动的场所，思维以语言为工具并通过语文学习得到发展。

黑格尔曾说："任何科学都是应用逻辑。"任何一门学科，与逻辑紧密相依，逻辑是它的筋骨；任何一门艺术，也自有它的逻辑，逻辑是它的血脉。逻辑思维对于各科的学习意义重大，高中学生思维发展的显著特点是逻辑思维的逐渐成熟，那么，教师应重视对学生逻辑思维能力的培养。

在国外，逻辑思维能力的训练一直以来被视为面向全体受教育者的素质教育，欧美国家一贯重视逻辑思维能力的训练，他们认为逻辑教学和逻辑训练，对于提高受教育者的科学素质、思想道德、思维能力、文化素养等都有十分重要的作用。

在国内，2016年9月，《中国学生发展核心素养》发布，六大素养之一的科学精神，主要指学生在学习、理解、运用科学知识和技能等方面所形成的价值标准、思维方式和行为表现。具体包括理性思维、批判质疑、勇于探究等基本要点。新修订的高中语文新课程标准也明确地把语文素养的形成和发展概括为四个方面,即语言建构与运用、思维发展与提升、文化传承与理解、审美鉴赏与创造。其中,思维发展与提升已排在第二位。

事实上,作为科学与艺术结合体的语文教学与逻辑紧密相连。语文课的听、说、读、写一方面是语文活动,另一方面也是思维活动。听、读是凭借语言理解他人的思想感情,说、写是凭借语言表达自己的思想感情。语言与思维的表里关系使得语文教学对培养学生逻辑思维能力具有优越的条件;同时,我们应认识到,只有培养学生的逻辑思维能力,才能更好地提高语文能力。

实践运用与建议

追本溯源,我国古代传统思维方式重形象思维,轻抽象逻辑思维,新中国成立以来,虽然国家对高中语文教学大纲有几次修订,但关于逻辑知识和逻辑思维的培养规划从有到无,一直呈淡化趋势。高中的语文教材严格依据教学大纲编排,教材整体内容呈现重人文性轻工具性的态势。因此,我对逻辑的掌握程度也只停留在大学读书时的纯理论水平,在建构学生语文基础知识结构的整体性上零散而不系统,对学生人文情感的熏陶偏于形式而不够深刻,而学生的阅读与表达能力因欠缺逻辑思维训练而显得薄弱。

随着近年教育专家对语文核心素养的界定,新课程标准和高考考纲也有相应的变化,我意识到加强对高中生逻辑思维能力的培养刻不容缓,于是在听说读写中加强了逻辑思维能力的训练。

课前演讲培养逻辑思维能力

我们通常认为,"听"属于理解范畴,是"说"的基础;"说"属于表达范畴,是"听"的发展。学生通过"听""读"等方式捕获知识信息,然后对其进行分析和加工,最终用语言形式完成知识与语言的转换输出,从根本来说,这主要发展学生的思维水平,同时也培养了学生独立思考、分析、解决问题的能力。在高中语文教学中适时地运用逻辑思维理论开展演讲活动能够有效促进学生逻辑思维的发展。

我把演讲的时间规定为每天早自习的课前5分钟，面向全体学生，由语文课代表负责组织同学轮流演讲，演讲的内容规定为对近期热点新闻进行点评，我向学生介绍了美国人芭芭拉·明托发明的金字塔原则来组织演讲的内容。

巴巴拉·明托的金字塔原则是一项层次性、结构化的思考、沟通技术。这种思维金字塔如同金字塔的实体一样，将思维呈现出金字塔形，文章中的思想形成单一思想统领下的金字塔结构。塔尖就是演讲者所要表达的中心思想，每一层的各部分都是支持上一层中心思想的要点。金字塔结构分为纵向和横向两种关系：纵向关系使思路清晰化；横向关系运用演绎推理和归纳推理两种方式来组织内容，常常采用便于理解的归纳推理。该原理的基本结构是：由上统下，结论为先，分组归类，逻辑递进；先重要后次要，先论点后论据，先结论后原因，先框架后细节。

学生思考演讲内容时，按照金字塔原则，自上而下表达，自下而上思考；纵向概括总结，横向分组归类；序言以故事形式开端，标题准确提炼主题思想。通过这种训练，学生可以有步骤、有条理地在头脑中迅速组织语言，最终将自己的演讲内容思路清晰、层次分明地表达出来，提高自己的逻辑思维能力。

阅读教学培养逻辑思维能力

阅读是阅读主体和文本主体、作者主体三者间从表及里、由浅入深的同化与调节过程。阅读实践是先有学养积累，后有自由思考的从"学"到"思"的过程，于是我在阅读教学中去探索培养学生的逻辑思维能力。

我在执教人教版高中语文必修三文言文《师说》时，先运用综合的方法，让学生对通篇课文进行整体感知性阅读，扫清文字障碍的同时，把握全文的结构层次。接下来进入微观分析阶段，以抓关键句为分析切入点，探究《师说》的论证艺术。我借鉴孙绍振先生对本文的解读提问学生："师者，所以传道受业解惑也"一句在全文中居于什么地位？为什么要在这一句的前面加上"古之学者必有师"？然后明确，这一句是全文中的中心论点，因为师古是当时的共识，韩愈的古文运动，反对当时流行的骈体，以复古为旗帜，抬出先秦诸子的古文，有不可反驳的权威性。

接着问学生，"人非生而知之者，孰能无惑？惑而不从师，其为惑也，终不解矣"，逻辑上本该承接"传道受业解惑"，却只承接了"解惑"，为什么？然后师生讨论，共同分析。作者这是先从毋庸置疑的"解惑"入手。"人非生而知之者，孰能无惑"，这不但是理论上的共识，而且近乎常识。用常识来进行因果分析，演绎出不从师则终生不能解惑，逻辑上顺理成章，联系起来，突出其矛盾。

接着又问学生，作者接着写"生乎吾前，其闻道也固先乎吾，吾从而师之；生乎吾后，其闻道也亦先乎吾，吾从而师之"的意义何在？原来韩愈这样写，避免了平面罗列，把传道和年龄联系起来，突出其矛盾。这样从矛盾中把传道引出来，深化论述。韩愈不仅传道，而且师道，不但向长者师道，而且主动向幼者师道。这样，在逻辑上就把"传道"向主动的、超越年龄限制的"师道"深了一个层次。

所以，此段最后"是故无贵无贱，无长无少，道之所存，师之所存也"的结论水到渠成。从年龄"无长无少"，推演向"无贵无贱"，不但不受年龄限制，而且不受社会地位贵贱限制，论题的涵盖广度扩大了，而且论题的深度（不论贵贱）也大大增强。严密的推论效果不但得力于逻辑上的类比，而且还得力于句式上的排比。从这个意义上说，有了这样的从"解惑"到"传道"再到"师道"的递进，显得本文层层衔接，一气贯通，概念明晰，论证严密。

作文教学培养逻辑思维能力

新材料作文是近几年高考作文的主要形式，写好这一类作文的关键一步就是审题立意。2017年高考《考试说明》对写作提出的要求，基础等级第一条就是"符合题意"。对于新材料作文而言，首要的就是要准确、全面地理解材料，在此基础上才能确立写作的主题、文体等。

我在作文训练中，面对矛盾型材料作文，让学生明白，应学会运用矛盾思维。矛盾律告诉我们，两个相互反对或相互矛盾的命题不能同真，必有一假。其逻辑要求是：在两个相互反对或相互矛盾的命题中，不能两个都肯定，必须否定其中一个，否则就会犯"自相矛盾"的逻辑错误。例如：在高一下学期期末监测的作文评讲中就运用了这一方法。

重庆市2016年春季高一期末监测作文试题：

2016年5月3日，达州石桥八旬老人在女儿陪同下，准备乘动车到省城看病，因节后人多没有买到全程坐票，借坐邻座，到南充后，被刚上车的座位主人——一女大学生"请"了起来。老人女儿请求挤一挤坐，座位主人坚持要按票坐，老人女儿很不满意，但座位主人认为，坐自己的座还有错吗？

对这件事你怎么看？请综合材料内容及含意作文，体现你的思考。要求选好角度，确定立意，明确文体，自拟标题；不要套作，不得抄袭。

我在讲评中借用河北唐山中学教研室的卢锡泽老师的价值判断三原则：相符说——看与客观实际之关系，相融说——看与公认道理是否一致，有用说——看有无正面效应，教学生处理矛盾型作文的审题立意。联系材料，保证一位八旬老人平安到省城是最大的客观实际；主动地帮助别人，才是一个有仁爱之心的人；让座，保证老人平安到达省城，让座人身体虽累，但精神愉悦，正面效应突出。因此，这个作文的立意应为"女大学生有理也是错的"。

今天，我有幸读到杜威的《民主主义与教育》，它使我更深刻地认识到，社会生活中，逻辑思维是正确思维和成功交际的理论，它强调规则与理性，是民主法治与科学精神的基石。一个人如果缺乏理性思维，就会是非不分、黑白颠倒；一个民族如果缺乏理性思维，就不能屹立于世界民族之林。新时代的语文本质是在继承和学习前人留下的文化遗产和精神财富基础上，教会人们运用母语进行交流表达的艺术。在这个过程中，我们语文老师任重而道远。

让经典润泽生命

河北省怀来沙城北师大附属中学　　徐玉峰

各人的观点，喜欢学习的对象以及处理问题的方式，都存在个别差异。如果这些差异为了所谓一致性的利益而受到压制，并且企图使学校中的学习和答问都必须按照一个单一的模式，就不可避免地使学生造成心理上的混乱和故意矫揉造作。学生的独创被逐渐摧毁，对自己心理运作的质量的信心被逐渐破坏，被反复灌输要驯顺地服从别人意见，否则就是胡思乱想。（第321页）

阅读感悟与反思

朱永新博士说："一个人的精神发育史就是他的阅读史。"阅读能发现自我，提升自我，成就自我。"一千个读者，有一千个哈姆雷特。"可是却常常看到反复出现的是司马迁、陶渊明、苏轼这考场作文素材三巨头，作文中常常是雷同的人物和故事叙述。出现了这么无趣可悲的情形，我们应该好好反思，我们的阅读和写作教学到底怎么了。

这也许源于平日里简单化教学。是非功过，成败得失早已成为定论，拿着泛黄的教案本，滔滔不绝，传经诵道，而全然不顾学生的阅读基础、思维发展情况，看不到学生的真实想法，看不到学情，看不到彼此生命的差异。

在教学中，听话的学生，便使用愉快的夸赞、鼓励或奖赏；质疑的，便回报以痛苦的惩罚、鄙夷的目光。

从高一开始便千方百计地强迫学生按成人所想象的方式去背诵教材，便不厌其烦地强化应试，使其跳入题海，写应试议论文，其结果是独创性、丰富的想象被扼杀。过早地应试，过早地进入题海，对学生是一种戕害。

于是教学对教师来说，不再是一个有教育意义的过程，而是一个重复的低效的过程，不断地重复最多使他的技术变得纯熟，却不能拥有新的突破、新的发展。因此教和学就变成一套机械的东西，课堂就往往是一潭死水，毫无生气。鉴于此，我采取了私人订制的方式，以满足学生多样化的阅读需要。

实践运用与建议

2013年9月，我接手课改实验班的教学工作。课改实验班的孩子，普遍聪明好学，基础较为扎实，但在阅读上却有较大的分化：县城里的学生读书相对较多，知识面广，读书习惯较好；农村里的学生，读书较少，文学经典几乎很少接触，也没有良好的阅读习惯。

因为课改实验班的教学，有较大的灵活自主性，我根据学生的阅读差异，专门订制了语文阅读课，也根据两个平行班的情况，安排了不同的内容。

阅读时间的订制

每周三晚自习第一节是语文学科自习，这一节，不发任何作业，是专门的固定阅读时间，保证学生能充分阅读，充分交流讨论。

高一：学生刚刚入学，功课不太紧张。阅读的起始阶段，我把重点放在培养学生的阅读兴趣和阅读习惯上，安排了《我与地坛》《雷雨》《边城》《呐喊》等篇目的师生共读，也教会了学生精读批注法、慢读推敲记忆法等。

高二：恰逢18岁成人年，根据这个时段学生的特点，有意识地多引导学生阅读励志成长、责任担当、勇于拼搏等主题的书。这时，应多鼓励学生读古今中外的名人传记。另外此时学生的逻辑思维能力得到较大提升，于是我从邮局为学生订购了《中国国家地理》《环球科学》《新华文摘》《南方周末》等报刊。

高三：阅读更加多元，学生经常阅读美文、诗歌、时政文、作文素材等。我为大家订购了《看天下》《格言》《南风窗》《作文素材》《语文报》《大学》《课堂内外》等报刊。

阅读空间的订制

在高一，每周组织学生去图书馆阅读，确保阅读丰富多元有营养；而在教室内，我一般规定阅读篇目，采用师生共读的方式，这样便于管理、交流和集中指导。

两个班级在阅读上有较大的区别：一班学生普遍重逻辑，好辩论，我因势利导，教他们基本的逻辑方法和思维方法，引导他们阅读时文评论、杂文；二班县城里的学生居多，我更加注重文学品味方面的培养，指导他们阅读经典美文，平时要求他们积累好词好句。因此一班的作文深刻有逻辑，二班的作文文采飞扬，都呈现出鲜明的个性和特色。

阅读内容形式多样化订制

（1）阅读媒介个性化。可以根据自身情况，在阅读课上使用如下媒介阅读：电子书阅读器、平板电脑、投影多媒体、手机、纸质书籍、报刊、统一印制的阅读材料等。多元化的选择，方便了学生，节约了阅读成本，提升了阅读效果。

（2）阅读形式个性化。既有高中必修教材推荐的书籍供师生进行共读，又有内容健康、适合高中生阅读的青春时文。这些书籍文章可以朗读，可以默记，可以沉思，可以摘抄，也可以名句名段句群仿写；可以是整本书的阅读，也可以只精读精彩片段。形式个性化、多元化，具有很强的张力，适应90后、00后喜欢求新求变的需求，也可以根据复习与考试灵活安排，比较有弹性，便于长期坚持。

（3）阅读表达个性化。可以在书上做简单批注；可以在课前即兴演讲；可以读书成文，交流读书心得；可以采用一些新形式调动学生的积极性，如把阅读感受写成诗填成词、拟写对联、创制编者按和导读文字；也可以开展名言名句记忆大赛；甚至可以概括提炼阅读内容，自主命制一个作文题目，经过探讨完善后，在全班或者小组内完成写作。

学生自由表达个人的阅读体验和感受，可以与所谓权威的解读大相径庭，甚至背道而驰。我鼓励学生能独到深入地思考，鼓励学生新鲜的陌生化的表达，不用所谓统一答案压制学生的个性和思想。

总之，从老师的角度看，因为心中有爱，目中有人，我们更加尊重孩子们的差异，俯下我们的身影，离孩子的心灵更近一些，离教育规律更近一些。从学生角度看，在阅读中质疑、提问、交流，拥有较大的自由度，他们乐而为之，通过个性化的阅读，让学习变得诗意而美好！

附：杜威教育箴言

（1）努力使自己继续不断地生存，这是生活的本性。（第14页）

（2）尽管灌输式的教学和被动吸收式的学习普遍受到人们的谴责，但是为什么它们在实践中仍旧那么根深蒂固？教育并不是一件"告诉"和被告知的事情，而是一个主动的和建设性的过程，这个原理几乎在理论上无人不承认，而在实践中又无人不违反。（第46页）

（3）儿童具有灵活的和敏感的能力，对他们周围的人的态度和行为，都同情地产生感应，很少成年人能把这种能力保持下来。（第51页）

（4）野蛮部落只是顺应环境，习以为常；文明人却有习惯，这些习惯能改造环境。（第56页）

（5）由于把顺从看作目的，所以青年人的个性被忽视，或者被看作调皮捣蛋或不守纪律的根源。同时，又把顺从等同于一律，从而导致青年对新鲜事物缺乏兴趣，对进步表示反感，害怕不确定和未知的事情。学校教育的目的在于通过组织保证生长的各种力量，以保证教育得以继续进行，使人们乐于从生活本身学习，并乐于把生活条件造成一种境界，使人人在生活过程中学习，这就是学校教育的最好产物。（第60页）

（6）过分注意表面现象（即使用指责和鼓励的方式）也许使这些现象固定，从而使发展阻滞。对家长和教师来说，重要的事情是注意儿童哪些冲动正在向前发展，而不是注意他们已往的冲动。（第61页）

（7）主动的习惯包含思维、发明和使自己的能力应用于新的目的的首创精神。这种主动的习惯和以阻碍生长为标志的墨守成规相反。因为生长是生活的特征，所以教育就是不断生长；在它自身以外，没有别的目的。（第62页）

（8）每个人都知道，为预备将来而忽视现在可能性的教育制度，基本上都不得不诉诸各种惩罚的制度。于是，由于学生讨厌这种方法的严厉苛刻和软弱无能，他们又摇摆到另一极端，为防备后来所需要的一点知识被包上了糖衣，以便哄骗学生，使他们吃些不想吃的东西。(第65页)

（9）教育通过严格意义上的教学进行，从外部构筑心灵。教育是心灵的塑造。(第79页)

（10）研究过去的产物并不会帮助我们了解现在，因为现在并不归功于这些成果，而应归功于生活，它们是生活的成果。关于过去的知识和过去的遗产，必须和现在发生关系，必须进入现在，才有巨大的意义。(第85页)

（11）教育可以从追溯既往和展望未来两方面解释。这就是说，我们可以把教育看作使未来适应过去的过程，也可以把教育看作利用过去，成为发展中的将来的一种力量。(第89页)

（12）从外面强加给活动过程的目的是固定的，呆板的；这种目的不能在特定情境下激发智慧，不过是从外面发出的做这样做那样事情的命令。由于这些从外面强加的目的的流行，才强调为遥远的将来作准备的教育观点，使教师和学生的工作都变成机械的、奴隶性的工作。(第122页)

（13）如果民主主义具有道德的、理想的含义，它就要求每个人都为社会做出应有的贡献，与此同时给每个人发展独特的才能提供机会。把个人的发展与社会效能感这两个教育目的割裂开来是对民主主义的致命打击。(第123页)

（14）在成长中，在成长过程的开始阶段和完成之间有一段路程，中间穿插了某种事情。在学习中，学生的现有能力是开始阶段；教师的目的代表遥远的终点。在这两者之间存在着手段，也就是中间的种种情况：要采取的种种行动；要克服的种种困难；要使用的种种工具。从理论上的时间感而言，只有通过这些居于中间的事物，开始的活动才能取得令人满意的完美效果。(第129页)

（15）有了成长的积累，经验才会具有生命力。(第142页)

（16）在学校里，过于重视学生对知识信息的获取与积累，这样一来，学生就可以在课堂问答和考试时照搬照套。从知识信息资料的角度讲，"知识"的意思就是深入探究的工作资本和必不可少的资源。知识常常会被看作目的本身，因此，学生的目的就是把知识堆积起来，需要时再展示出来。这种静态的、冷藏库式的知识理想会阻碍教育的发展。这种理想不仅会让思维的机会溜走从而不能利用，而且会扼杀思维。（第160—161页）

（17）教师参与学生的活动。在这种共享活动中，教师是一个学习者，而学习者不知道其实自己也是一个教师——总体上讲，无论教师还是学生，越少意识到自己施教或受教就越好。（第163页）

（18）保持成长的能力，就是虚心接受新意见的一种酬报。抱有成见并顽固不化的最大坏处就是会抑制发展，会把心灵封闭起来而导致无法接受新的刺激。所谓虚心就是保持孩子般的天真态度；而思想闭塞表现在理智上就是未老先衰。（第178页）

（19）教师不应该关注教育内容本身，而应该关注教育内容与学生当前的需要及能力之间的相互作用。从这个意义上讲，教师只有学问是远远不够的。事实上，如果教师没有养成一种习惯去关心教育内容与学生本人的经验的相互影响，那么孤立地去看教师的学问或他所熟练掌握的内容，它的某些特点反而会妨碍有效教学。（第186页）

（20）主动作业这个名词，既包括工作，又包括游戏。从它们内在的意义来看，游戏和勤奋并不像通常假定的那样是相互对立的，两者之间任何尖锐的对立乃是由于不良的社会条件。（第219页）

（21）如果教育并不提供健康的休闲活动的能力，那么被抑制的本能就要寻找各种不正当的出路，有时是公开的，有时局限于沉迷于想象。教育没有比适当提供休闲活动的享受更加严肃的责任；还不仅是为了眼前的健康，更重要的，如果可能，是为了对心灵习惯的永久的影响。艺术就是对这个需求的回答。（第223页）

（22）日光，风，溪流，商业，政治关系，它们从远处来，把思想引向远处去。追踪它们前进的路程，就是扩充心智。而这种扩充的方法，不是通过用附加的知识去充塞头脑，而是通过对从前视为当然的东西的意义进行改造。（第229页）

（23）普通教育中最被忽视的历史分支也许是知识发展的历史。我们仅仅开始认识到使人类命运进步的伟大英雄不是政治家、将军和外交官,而是科学的发现者和发明家,他们给人以不断扩充和受控制的经验的工具;是艺术家和诗人,他们用绘画、雕塑和文字歌颂人类的斗争、胜利和征服,使别人普遍能理解它们的意义。(第233页)

(24)教育上有一个传统,把课程中的科学与文学、历史对立起来。这两方面的代表人物之间的争论,是容易从历史上来解释的。在实验科学产生以前,文学、语文和哲学已经在所有高等学校占领了牢固的地位。实验科学自然必须奋力前进。没有一个筑有堡垒和防守坚固的势力集团会轻易放弃它可能占有的垄断地位。但是,无论哪一方面,都认为语言和文学作品全部是人文主义性质的,而科学则纯粹属于自然界的,这是一个错误的观念。这种观念有助于削弱两类科目的教育作用。(第245页)

(25)知识具有人文主义的性质,不是因为它是关于过去人类的产物,而是因为它在解放人类智力和人类同情心方面作出了贡献。任何能达到这种结果的教材都是人文主义的。(第247页)

(26)一个青年,如果他反复体验到友好待人的价值的全部意义,并使这种体验深入到他的性情中,他就会获得宽厚待人的价值的标准。没有这种重要的欣赏能力,别人给他留下的作为标准的大公无私的职责和德行的深刻印象,依然是纯粹的符号,不能适当地变为现实。(第252页)

(27)学校工作应该提供的经验具有下列使用资源和处理困难的执行能力(效率):社交的能力,或直接和别人作伴的兴趣;审美能力,或至少能欣赏某些科学成就的兴趣;对他的权利和要求的敏感性——真心诚意。(第262页)

PART 8

第八辑

跟怀特海学做教师

《教育的目的》一书，怀特海基于严密的逻辑思维和深刻的哲学素养批判了教育理论中的多个问题，既有对基础教育的观察，也有对高等教育的反思；既有对学校内部课程与教学的批判，也有在国家层面上对文化与体制的建议。

　　整本书只有一百多页，但内容充实，值得仔细品读、参悟。尽管本书主要针对英美两国的教育问题进行分析，但其教育的内涵是具有通约性的，本书中的基本原理多数适用于中国教育，可以作为研究我们当下教育的参考。怀特海是一位卓越的思想家，本书严密的逻辑和深刻的哲学剖析，使处在教育困惑中的我们豁然开朗，深受启发。读之、思之，有助于我们思考当下教育中的理论问题和实践问题。

返璞归真做教育

河北省泊头市第一中学　　王青生

我们可以对人类自有文明史以来人们普遍信仰的教育理想的概括感到满意，教育的本质在于它那虔诚的宗教性。（怀特海：《教育的目的》，文汇出版社，2012年版，第21页。以下只注明页码）

阅读感悟与反思

《教育的目的》这本书并没有具体方法的传授，而是把教育的内在意义挖掘出来。正因为如此，它是放之四海而皆准的理论指导，让我们当下的教育，有了无限多的可能。

避免"呆滞的思想"的教育

怀特海对教育中的"呆滞的思想"深恶痛绝，他认为这样的思维只是通过大脑去接受某些观点，而没有去应用、验证或与其他事物有机融合。在一线教学中，其表现之一就是教师一知半解的状态。一知半解的状态即知其然而不知其所以然，禁不起学生的再三追问。比如在《祝福》的教学中，我们说祥林嫂是被封建礼教害死的，那么封建礼教是什么？是被封建礼教里的哪些内容害死的？封建礼教都是不可取的吗？害死祥林嫂的是封建礼教中从夫从子、男尊女卑、贞洁操守等思想，如果我们能够明确我们教学的预设，那么批判效果就会更好。"呆滞的思想"还表现在教师们的经验主义上，也许我们上的某一堂课曾收到特别好的反响，于是不再顾及学情与其他制约因素，只要讲授该课，便一成不变地用同一种方式去教。这种经验主义也在很多时候泛化为青年教师将自己听到的名师课堂不假思索地直接搬到自己的课堂上来，其实效果未必就好。

避免各学科孤立的教育

怀特海说："我极力主张这样的解决方案，就是根除科目之间毫无关联的状态，这种分崩离析的局面扼杀了现代课程中的生动性。"高中课程的设置、进度的安排是有其科学性与系统性的，是与学生心理生理发展相符合的。比如数学教育，不必说和物理化学的联系，和我们语文就没有联系吗？怀特海说："你可以转向诗歌或是音乐，数字和数量还是会在节奏和音阶里和你碰面。有些故作优雅的学者，轻视数量的理论，这是不正确的，与其说谴责他们，倒不如说怜悯他们。"我认为单学科内的教学实际上是对教学领域纵向深度的挖掘，而学科之间的联系则是对学科横向宽度的拓展，更易于培养学生的发散思维、联想思维，更能提高学生的学习兴趣，更容易丰富学科的建设。高中语文学科涉及的人文历史、自然地理、科学技术知识等，对其他学科建设是大有裨益的。

避免不顾差异的教育

教育提倡平等，但是所谓的平等难道就是一视同仁而忽视学生个体的差异性吗？怀特海说："我相信，在教育中如果排除差异化，那就是在毁灭生活。"我们必须承认学生之间的差异性，正是因为存在差异性，才让我们的教育如此的丰富美好。我赞成区别对待学生的教育，正如孔子倡导的"因材施教"：内向的学生要多鼓励，过于活泼的适当控制一下，写作不好的多加训练，口语表达不好的多给人前说话的机会……这种看似不平等的教育输出，其实最大程度上保证了教育的公平。另外对于个性差异的认可，还表现在对学生的考核上，不要以统一标准考核不同的学生，59 分的学生考了 60 分则为进步，100 分的学生考了 98 分则为退步。

实践运用与建议

有人说要给学生一碗水,首先自己要有一桶水。对于教师而言,苦练内功是少不得的。曾经的我一度闭门造车,直到 2015 年加入到了诗意语文大团队,在各位名师的引领下不断汲取营养,不断成长进步,我从中感受到了诗意大家庭的温暖与温馨,更坚定了教书育人的理念。在课堂上,我更注重学生情怀的培养,更关注促使他们健康全面地成长。在教学的过程中,我越来越发现自己的不足,当自己的能力不足以支撑起自己的梦想的时候,便反过来促使我不断学习提高自身能力。坚定了信念,我体会到了教学相长的乐趣;参与了诗意语文的诸多活动,我感受到了学习的快乐;在江苏、四川、天津、湖南等地奔走学习的经历,让我感受到了行万里路与读万卷书的必要。成长的路上有人同行真好,愿意这样一直幸福地走下去。

把生活过成诗

也许诗和理想并不在远方,而就在你的身边,所以我们要把眼前的苟且过得诗意盎然。当春天的第一株花绽放的时候,我愿意带领学生一起去踏青沐风;当秋天第一片叶子凋零的时候,我愿意带着学生们去感受落叶人生;当夏雨和冬雪不期而至的时候,我们也会尽情赏雨观雪,即兴吟诗作赋……在古曲里提笔书写,在焚香中静心阅读,在美景下倾心畅谈。我们会在教室里悉心培育自己喜爱的绿植、蔬菜,我们还会在诗词课上放声歌唱,也会在戏剧课上唱念做打……我教的是语文,也是生活,更是诗意与远方!

做虔诚的"教徒"

因为我们是做教育的,所以说自己是"教徒"并不为过,我们信仰的是育人的教育。让自己始终如临深渊、如履薄冰、万分虔诚地对待我们自己所做的一切。有的教师把教育看作"一份工作"或"一项事业",而我却更愿意把它看作"终身的理想、毕生的信仰"。我像虔诚的教徒一样追寻它、实践它、传播它,让"教育的目的"真正落脚在学生的成长与教化上。

在节奏中浪漫，在自由中训练

黑龙江省绥化市第一中学　　王林琳

我现在坚持的是，发展的本能来自于自身；发现是由我们自己完成的，训练是自我训练，收获是我们自身首创精神的成果。教师有着双重作用。他以自己的人格和个性，使学生产生共鸣而激发出热情；同时创造出具有更广泛的知识、更坚定的目标的环境。（第54页）

阅读感悟与反思

教育要有"节奏"地开展，怀特海在书中第二章对教育的节奏进行了讲解："所谓教育的节奏，我指的是一个为每一个有教育经验的人所熟悉并在实际中要用的原则。"对于这个原则，他解释道："在学生心智发展的不同阶段，应该采取不同的课程，采用不同的学习方式。"与此同时，提出了他的见解。首先在学科的难易标准上，他说："人们常常认为，较容易的科目应该先于比较难的科目学习，这种观点并不对。相反，有些最难的科目应该先学习，因为人的先天秉性如此，亦是生存所需，学会这些东西对生活非常重要。"他举出了两个例子："幼儿面对的第一个智力任务就是对口语的掌握，这是一件多么艰难的任务！他们需要把声音和意思对应起来，需要对声音和意思进行分析。但我们都知道，幼儿水到渠成地学会了。"之后又分析了幼儿需要学习的第二个科目"是书面语的掌握，也就是说，把声音和形状联系起来。他们给一个六岁的正在牙牙学语的小东西指定了一些任务，这些任务或许令圣贤都感到沮丧——他们穷其一生努力都未必能完成。同样地，数学学习中最难的部分是代数的原理,但这部分却要放在相对比较简单的微积分之前来学习"。由此怀特海又重申了他的观点:"在复杂的教育实践中,把较难的内容往后放并不是解决问题的有效方法。我们可以选择必要优先原则。这就好比在你学会阅读之前是不可能去欣赏《哈姆雷特》的;同样,你必须学会了整数的概念,才能接着去学习分数。但这个原理只在人为的对学科有限制的时候才正确,有时也是错误的。你要先学会阅读,才能去读荷马。然而,很多儿童,甚至过去几个世纪里的很多成年人,能够通过聆听妈妈的讲述或行吟诗人的歌唱,'阅读'《奥德赛》,在充满传奇色彩的大海上遨游。对这个原则不加鉴别地使用,人为地把一些科目放在另一个科目之前,制造出教育中的干涸的撒哈拉沙漠,了无生气。"

其实我们的教学过程总是人为地将自己的判断灌输给学生,这不利于他们更好地接受知识和区分难易程度,这是我们每个教育工作者需要反思的部分。当你丢掉你的课本,烧掉你的听课笔记,忘掉你为了应付考试而背诵的细节,你的学习对你来说才是有用的。你所需要的那些细节的知识就像头顶上的太阳和月亮一样,都是显而易见的事实;而你偶尔需要的,都能在任何参考文献里找到答案。对原理的应用才是我们更应该倡导的教育。

自由和训练,能够在孩子的生活中得到调节,使之适应其个性发展自然变化。这种在儿童身心发展过程中对自由和训练的调节,就是"教育的节奏"。怀特海的看法是:在教育的开始和结束阶段主要的特征是自由,但是中间会有自由居于次要地位的训练阶段。

如何更好地把握好自由和训练的地位转换,是我们在教学中值得思考和探究的主要部分。让学生能够充分发挥自己的思维力,主动去思考并尝试解决问题,在自由的意识下完成训练,这才是我们希望看到的。

怀特海还提到:"激发生命有机体朝着适合自己的方向发展,最自然的方式就是快乐。快乐是激发生命力的一种正常而健康的方式。我们应该寻求一种符合自然发展规律的模式,这种模式本身令人愉快,让人在自身的快乐中去追求并安排个性的发展。"而我们现在的教育,无论是小学、初中,还是高中,大多是以应试为目的,孩子们没有了真正的乐趣,学起来多是出于无奈,很难真正地达到促进他们身心发展的目标。所以既要让学生能够找到兴趣所在，在快乐中学习，又要树立一个符合他们发展的目标。

教育从整体上来说，是为了使受教育者作好准备，去迎接现实生活中的种种经历，用相关的思想和适当的行动去应付每时每刻发生的情况。我们都希望孩子在我们的教育下应对困难的能力不断提高；与此同时，对生活充满了热爱和向往，用他们的智慧和行动使国家走向更加文明的未来。

实践运用与建议

不刻意去划分科目的难易

就像怀特海所说，我们通常都是按照自认为划分好的难易程度来教授课程。实际上，在有些方面，学生的接受度要远远超过我们的估计。换言之，如果学生可以从比较难的方面开始学习，效果未必就不好。举个例子，在文言文断句的训练中，我就选择了特殊的方法，在《世说新语》中选取小的故事段落，按照古代的书写方式，从右至左，从上到下，不加标点，让学生既感到新奇又想亲自去尝试，不仅锻炼了他们对古代文言语感的把握，还激发了他们对文言翻译的兴趣，同时学习了古代名人的奇闻异事，真可谓一举多得。

因材施教

孔子早在两千多年前就提出了"因材施教"的科学论断。处在不同时期的孩子有着自己身上的特点，我们教师做到识材，从外在到内心地去了解每一个学生，难度还是相当大的，更不用说认识之后，再准备适合的教育。最好的方式就是让学生可以在教师、家长或者是同伴的帮助下不断地进行追问和反思。关于这一点，我和学生们达成了共识。在高一入学后，我就培养他们写周记的习惯，在周记中可以记录自己的心情，想要说的话，遇到的问题和不快。在不断的追问和反思中，我们之间的距离越来越近了，他们找到了自己的定位，我也更容易根据他们出现的问题，找寻适合他们学习的方法。

把活动与读书联系起来

"读书是灵魂的壮游,随时可以发现名山巨川、古迹名胜、深林幽灵、奇花异卉。"法朗士看似夸张的描述里,实际包含着自己深刻的人生体验。我的建议是在学生学习的浪漫阶段就培养他们爱读书的习惯,正是由于对世界的好奇、兴奋,他们才会带着兴趣去探寻书中不一样的世界,体会人间百态,感悟时光飞逝。

在高中的语文学习过程中,为调动学生的积极性,激发他们学习语文的兴趣,我组织学生排演了课本剧《孔雀东南飞》和《荆轲刺秦王》,不仅使学生能够亲近那备受冷落的课本,还活跃了枯燥的文言文课堂,提高了学生的参与度,这不失为促进学生学习语文的好方法。

要真正理解教育的目的,把握好教育的节奏,我们要学会等待,等待学生的反思与努力,不为应试教育而教育,更加注重学生在不同时期的特征与发展,使教育真正实现它的伟大价值。

教育是人类灵魂的训练

山东省德州市实验中学　　赵洪金

我始终信奉这样一条教育原理：在教学中，一旦你忘记了你的学生是有血有肉的，那么你就会遭遇悲惨的失败。（第67页）

阅读感悟与反思

在怀特海的教育文字里，充满了"体验""行动""思维""判断力""洞察力""创造""发现""自由""艺术""享受"等词汇。可见，他十分重视学生实践能力、思维能力的培养，以及强调学生在自我发现、自我成长的驱动下自由地快乐地获得知识。

怀特海十分重视通过直接经验获得的知识。他说："在评价技术教育的重要性的时候，我们必须突破把学习仅仅同书本知识学习相结合的框框，通过直接经验获得的知识是智慧生活的首要基础。在很大程度上，通过书本学习得到的通常是第二手信息，因此，书本知识永远不具有那种亲身实践的价值。"尽管是在评价技术教育，但怀特海是把文学课程、科学课程和技术课程三者放在渗透、融合的角度来看的。当然，他说的书本知识更多的是经科学研究得出的理论性或工具性的知识。语文是一门实践性很强的学科，语文课程的基本定位就是，以语言为核心，以语文学习活动为主要形式，以提高学生的语言素养为根本目的。语文的实践就是相信学生，创设活动，让他们触摸语言，在涵泳中用想象去填补、用实践去充实，品味作者的用心，思考作品的意义，探索作品提供的精神空间，而不是教师唱独角戏，架空分析。

怀特海说，"学生是有血有肉的人"，强调学生的情感性、主体性、差异性和个性，因此"教育的目的是为了激发和引导他们的自我发展之路"。学校和教师必须尊重学生的个体发展规律，必须关注学生的自我发展，语文的学习必须是快乐的、实践的、有助于学生思维和道德发展的，而不是相反。现今，我们在建设"学习共同体"，这个共同体，不限于生生之间，还涉及师生之间，教师与学生一同成长。学习是一种分享和交流，教师把自己知道的和拥有的东西与学生分享，一起来发现问题、面对问题和解决问题。我们会耐心等待，从容应对学生的拖延、迟疑、惧怕或者抗拒；我们会俯下身子从学生的视角去关注文本，创设情境。把学生当成"有血有肉的人"，教师无疑也变成"有血有肉的人"了。

怀特海反对灌输式教育，强调"教育绝不是往行李箱里塞满物品的过程，但是，当你给孩子喂错了食物的话，情形就完全不同了"。所以，教育不是灌输，而是把食物给需要的人，并且让他自己选择和吸收。教学时强调"不能让知识僵化，而要让知识活泼起来——这是所有教育的核心问题"。当前教学中的"知识习题化，习题知识化"以及所谓的"问答式"，只能让知识变得枯燥无趣，让教育成为灌输和训练。要让知识活泼起来，一是在教学过程中让学生主动尝试发现、生成知识，滋养情感；二是让学生感受到知识的"有用性"，即帮助学生更好地理解生活和世界，关注学生精神生活的有用性，而这一点，是怀特海教育思想很重要的一个方面。

实践运用与建议

思辨能力的缺乏，是当今高中生普遍存在的不足。忽视思辨能力的培养，更是高中教育亟待救治的痼疾。怀特海"教育是人类灵魂的训练"的教育思想，今天依然警醒着我们。

"思维发展"的课堂，旨在语言的品味中，培养独立鉴赏、独立思考和批判反思的能力，让学生成为有思想的人。下面从两个方面谈谈我的实践。

突出问题意识

问题为学生提供了一个思考、交流、合作、探索发展的情境，在这样的课堂中，学生基于问题情境发现探索，就能最大限度地促进自身创造性思维的发展和提升。课堂要达成"思维发展"，关键是问题以怎样的形式提出——是为了提炼几个风干的特点然后加以印证，还是诱发学生去品读、分析、归纳？

《林黛玉进贾府》一课中，关于王熙凤形象的分析，有的教师这样问："凤辣子"是王熙凤的外号，大家想想，用这样一个外号来称王熙凤，从中可以看出王熙凤有什么性格特点？学生回答："辣子"就是有魅力、能干，又带有一点风风火火、尖刻等意味。那么，课文的哪些地方可以看出她的这一性格特点呢？请大家找一找。学生找到三处。而我是这样处理的：王熙凤见黛玉，"见"有个过程，大家看看是分几步来写的？在这个过程中，王熙凤是如何表现的呢？我们能看出什么性格特点呢？请同学们先找出来，然后仔细想一想。学生找的也是上面三处。学生总结出了关心、热情、炫耀权力、性格外向、热情爽快、泼辣能干、善于讨好、八面玲珑等性格特点。有一位学生发现了这样一个细节：一般人说话，都是一问一答的，可这里，王熙凤连续三问，都没写林黛玉的回答，很可能是她并不需要林黛玉回答，只是为了表示关心。显然，这种让学生个性解读的方法是归纳式的，答案来自学生对文本语言的自我发现，因而丰富，有利于学生思维的成长。

着眼于思维，巧设问题，在解答问题的言语实践活动中学生发生的变化更为真实，对学生思维发展的促进作用更为显著。

多向比较

有比较，就有整合；有整合，就有分析。比较可以将教学及学生的思维引向深入。教学《套中人》一课时，分析完形象后可以设计这样的比较：别里科夫和阿Q有什么不同？这就打开了学生思维的闸门，可以从生活的环境、语言、行动、思想及结局等各方面进行比较。有一个很好的比较点就是对别人及群体的影响。阿Q在自己的生活环境中对别人是起不到压抑作用和窒息作用的,阿Q的可怕在于未庄的人个个都像阿Q,未庄的人个个都缺乏自我意识;别里科夫的可怕则在于他能将不是别里科夫的人也变成"别里科夫",在他周围的人,大都是有自由要求的人,是能够灵活地对待各种各样的道德信条和社会规则的人,而别里科夫的存在压抑和窒息了他们的自由意识。(王富仁:《关于〈套中人〉的几个问题》,《语文学习》,2009年第1期)

遇见经典，预约成长

山东省济南市北坦小学　　董亚君

大学存在的理由是，它把年轻人和老年人联合在一起，对学术展开充满想象力的探索，从而在知识和生命热情之间架起桥梁。大学传授知识，但是它是以充满想象力的方式来传授。（第125页）

阅读感悟与反思

当我们埋头去研究课程、教学乃至许多细枝末节的教育教学工作时，很少有人抬首望一望教育的星空，认真想一想，我们究竟要往何处去，教育的目的究竟是什么？今天我想从三个方面谈一下自己关于这一问题的理解。

教学沟通，为学而教

怀特海先生在"数学课程"一章中指出："数学学科的确是深奥的。它从一般概念中，推论出无数的特殊结果，每个结果比它的推论更为深奥。但是我们要经过选择让这门学科对于学生而言成为一种快乐的真正理由。"怀特海先生此处的阐释，同样适用于我们的语文教学。那就是教学中一定要遵循语文听、说、读、写的基本规律，教的过程一定要顺应学生学的过程，教学行为要与学生的"学"紧密沟通。

教学设计要立足于学生真实的学情，服务于学生的兴趣，服务于学生的疑难，服务于学生的需要。

不能加以利用的知识是有害的

怀特海先生鲜明地指出："教育不是在传授死的知识，而是教人们如何掌握知识的艺术。让知识充满活力，这是一切教育的核心问题。"的确，影响人们是否成功的因素，绝不仅仅是是否拥有学富五车的书本知识。所以，古人在强调书本学习外，还有"世事洞明皆学问，人情练达即文章"的说法。对知识的把握绝不可囿于学历教育的影响，还需要在真实的生活中继续学习和历练。《大学》中也指出知识从学习到运用的五个步骤，即"博学之、审问之、慎思之、明辨之、笃行之"。由此可见，不能加以利用的知识是有害的，知识能否改变命运，问题不在于掌握知识的数量，而在于能否利用和转化知识。

想象力比知识更重要

爱因斯坦说过："知识是有限的，而想象力概括了世界的一切，推动着社会进步，并且是知识进步的源泉。"怀特海先生在书中这样说："充满想象力的探索将会点燃令人激动的气氛，这种气氛会带动知识的变化。事实不再是赤裸裸的事实，它被赋予了各种可能性：他像诗人一样回忆我们的梦想，像建筑师一样构筑我们的目标。"现实生活中，面对相同的万事万物，不同人的脑海中却呈现出迥然不同的结果：没有想象力的人爬山，登高望远，如同劳役，最多是锻炼身体；没有想象力的人种花，虽会爱花护花，但种了千百株花，终究是名花贩；没有想象力的人读书，涉猎虽广，最多也是不求甚解，强记一番而已。为什么会这样呢？差距正是源于想象力水平的差异。因此，作为教师，我们切勿将教育做得太满，要留给孩子自己想象成长的空间。因为丧失了想象力，我们的心灵将会无处栖居，我们的生活就会失去存在的价值。

实践运用与建议

工作以来，身为小学语文老师，我把阅读放在重要的地位。通过"阅读登记卡""读书存折""阅读摘记本""评选阅读之星"等一系列方式激发学生的阅读兴趣。读完《教育的目的》一书,再次深刻意识到:知识从学到到用到还有很长的路程,因此在教学中我十分注重阅读方法的指导。从教二年级开始,我就指导学生学会运用"批注阅读法""联读法""思维导图法"进行有效阅读,极大提高了学生阅读理解的能力。

创新特色作业,内化学生能力

语文的外延就是生活的外延。语文课程是一门实践性很强的课程,大自然和生活才是学习语文最好的教材。我校响应山东省作业改革的号召,设计了以"春天"为主题的综合性学习活动。其中包括:"古诗词中的春天""经典古文中的春天""现代诗歌中的春天""春天的书法""春天的赞歌"等与课堂密切联系的作业,还拓展设计了"春天的剪影(剪纸、照片、绘画、手工四种形式)""春天的活动""春天的朗读者""春天的赞歌"等形式的课外作业。这样的语文综合实践作业紧密结合课内知识与课外实践,使学生做作业的过程成为一次拓宽眼界的旅行,精神的洗礼!

品读绘本故事,激发无限想象

初登讲台,我就带着学生们阅读一个个充满魔力的绘本故事。我给第一天上学的孩子们讲《小阿力的大学校》《一口袋的吻》等绘本故事,使他们明白学校是另一片美好的天地。在这里有很多可爱的小伙伴,会与自己成为终生的朋友。当淘气的孩子们出现矛盾时,我会给他们讲《大手握小手》《我是老大》等。这些充满魔力的绘本深深地吸引着孩子们,也在无形中影响着他们那颗纯真善良的心,唤醒他们无限美好的想象。借助绘本故事的魔力,我轻松解决了班级管理的许多问题,同时也潜移默化地激发了学生热爱绘本、阅读绘本、创作绘本的兴趣。

"这是一本奇书!迟读——遗憾一阵子!错过——遗憾一辈子!知而不读——后悔一辈子!知而细读——幸运一辈子!所以这是一本值得所有人认真研读的奇书!"虽然怀特海尽可能通俗易懂地阐释了自己非常重要的教育思想,但自己真正理解怀特海的思想,则是一次且行且思的漫长征途。"路曼曼其修远兮,吾将上下而求索。"相信怀特海先生的思想在未来的日子里会潜移默化地给予我前进的力量,指引我前行的方向。

附：怀特海教育箴言

（1）我们必须记住：自我发展才是最有价值的智力发展，这种发展通常在 16 岁到 30 岁之间发生。（第 1 页）

（2）当我们转而考察科学和逻辑方面的教育时，我们必须记住：不能加以利用的知识是相当有害的。（第 6 页）

（3）教育是教人们如何运用知识的艺术，这是一种很难掌握的艺术。（第 8 页）

（4）不能让知识僵化，而要让它生动活泼起来——这是所有教育的核心问题。（第 9 页）

（5）所有具有实践经验的教师都知道，教育是一种需要在细节掌握上耐心又耐心的过程，一分钟又一分钟，一小时又一小时，一天又一天，一年又一年，反反复复，学习无捷径。（第 11 页）

（6）我极力主张这样的解决方案，就是根除科目之间毫无关联的状态，这种分崩离析的局面扼杀了现代课程中的生动性。教育只有一个主题——那就是多姿多彩的生活。（第 11 页）

（7）我相信，在教育中如果排除差异化，那就是在毁灭生活。（第 16 页）

（8）教育所要传达的是对思想的力量、思想的美妙和思想的逻辑的一种深刻的认识，以及一种特殊的知识——这种知识与知识的习得者的生活有着特殊的关系。（第 18 页）

（9）在现代生活的条件下，规律是绝对的，凡是不注重智力训练的民族是注定要灭亡的。（第 21 页）

（10）缺乏对智力发展的节奏和特征的认识是我们的教育呆板无效的主要原因。（第26页）

（11）一所大学的理想，不是知识，而是力量。大学的职责就是把一个孩子的知识转变为一个成人的力量。（第38页）

（12）虽然智力教育的一个主要目的是传授知识，但是智力教育还有另一个要素，模糊却伟大，而且更重要——古人称之为"智慧"。没有一些基础的知识，你不可能变得聪明；你轻而易举地获取了知识，但未必习得智慧。（第42页）

（13）没有兴趣就没有智力的发展。兴趣是注意和理解的先决条件。（第44页）

（14）工作应该充满智慧和道德的想象，因而能够克服工作带来的所谓的枯燥乏味和劳累痛苦，使工作成为一种乐趣。（第58页）

（15）教育应该超越对他人思想的被动接受，必须加强创造力。（第63页）

（16）文化教育本质上应该是为了行动，应该使工人从盲目的辛苦劳顿中解脱出来。艺术的存在使我们感受这个世界的美妙，它丰富着我们的心灵。（第64页）

（17）科学工作者学习知识是为了满足他发现世界的愿望。他不是为了了解而去发现，而是为了发现而去了解。（第64页）

（18）在评价技术教育的重要性的时候，我们必须突破把学习仅仅同书本知识学习相结合的框框。通过直接经验获得的知识是智慧生活的首要基础。在很大程度上，通过书本学习得到的通常是第二手信息，因此，书本知识永远不具有那种亲身实践的价值。（第68页）

（19）任何一门学科的入门，都是一个通过接触来学习的过程。（第88页）

（20）教育必须是现代的，否则，会像所有有机体一样，难逃消亡的命运。（第107页）

（21）大学的责任就是——把想象力和经验完美地结合起来。（第126页）

PART 9

第九辑

跟雷夫学做教师

第56号教室是一间极为普通的教室,那里的老师并没有经天纬地之才,连雷夫老师自己都说:"我这个老师没有特别突出的创造力。"那里的学生也没有令人艳羡的家境、出众的天赋甚至是良好的学习习惯。相反,这些学生还常常戏弄老师,做出很多在常人看来十分出格的举动。原本,这样的教室、这样的老师、这样的学生本身不会和"奇迹"有丝毫的联系。可是,这样的教室却出现了奇迹;这样的老师,却被评为全美最佳教师;这样的学生,却得到了美国国家公共电台高度的赞誉:"他的学生已经达到了传统教育的顶点并取得了巨大的成功,在数学、哲学和莎士比亚戏剧方面的优秀表现为他们赢得了名校通行证。"

　　奇迹因何人而起?奇迹因何事而起?有无借鉴意义?是否具有可操作性?所有的答案,得靠喜欢阅读的你自己寻找。因为,每个人的答案都不一样,每个人的答案都有独特性。

奇迹皆缘方法好,细节从来不寻常

湖南省宁乡市第一高级中学　　龙　潇

我要我的学生爱上阅读。阅读不是一门科目,它是生活的基石,是所有和世界接轨的人们乐此不疲的一项活动。要让在现今这个世界长大的孩子相信这个事实往往是极为困难的,但并非不可能。(雷夫·艾斯奎斯:《第56号教室的奇迹:让孩子变成爱学习的天使》,光明日报出版社,2014年版,第32页。以下只注明分册和页码)

阅读感悟与反思

参加工作的这几年,我总是在思考:如何提高学生的兴趣?如何激发学生的学习欲望?我曾经和学生讲过我的一次切身经历:在一个暴风骤雨的晚上,还在读高中的我一个人淋着雨下山回家,那个时候我没有刻意去想什么,只是脑海里在不断"放映"着与李白、杜甫、苏东坡、辛弃疾等相关的画面。从那时起,我就有一个强烈的感觉:孤独的时候只有语文陪着我。从那时起,我就深深地意识到语文对于一个人的重要性,所以在进行语文教学的时候,为了提高学生对语文的学习兴趣,我不遗余力地尝试着、努力着。

在阅读完《第56号教室的奇迹:让孩子变成爱学习的天使》这本书后,我对雷夫老师的很多能提高学生学习积极性的做法赞叹有加。

奇迹皆缘方法好,非倾听无以体会。以名著阅读为例,第十七章"意志力"中有这么一个情节——当某个学生被问及他最喜欢哪本书时,他回答说《哈克贝利·费恩历险记》。当问及原因时,他答道:"因为马克·吐温举镜高照人性。"这名学生想都没想,极其自然地借助对《哈姆雷特》的理解来表达自己的想法。我猜,诗人、剧作家本·琼森说对了:"莎士比亚不属于任何一个时代,而是存在于千秋万代。"作为一名高中教师,对小学生能够如此回答,我感到非常震惊并且叹服。学生的回答虽然简短,却体现了他对莎士比亚的作品有着超乎常人的理解。虽然现行人教版高中语文必修教材里有《哈姆雷特》的选文,教材的名著推荐部分也有关于莎士比亚的介绍,但是老师在日常讲解作品时很难让学生对作品本身留下深刻的印象,学生没时间也没有兴趣去认真阅读莎士比亚的作品。很多学生连与莎士比亚相关的文学常识都不了解,更别奢求他们能深入理解莎士比亚的作品了。第56号教室里面的名著阅读课,诚如雷夫老师所说:"莎士比亚教授的宝贵课程,将成为他们灵魂上难以磨灭的印记。"

　　细节从来不寻常,非实践无以领悟。在数学教学方面,雷夫老师做足了功课。书中记载了部分小学老师上课的模式——各位同学,请打开课本,翻到第142页,上面有××道乘法题……请大家安静做题目。这种模式,相信很多人都不陌生,都直接或者间接地接触过。可是雷夫却独树一帜,使用游戏化的方式教学。他将学生喜欢的游戏"Buzz"和"数字砖"引入数学教学,使得学生的兴趣大为提升。有一个学生曾经对雷夫老师说:"真希望我读五年级的时候也有人这样教我。"无疑,这样的学生是非常幸运且幸福的。现在不少中小学生都喜欢玩《王者荣耀》《英雄联盟》等游戏,觉得读书、上课索然无味,进而养成上课睡觉、玩手机、看小说等恶习。在这种背景下,老师可以尝试用"游戏"来辅助教学。我有一个大学同学,在制作PPT方面非常用心,他在上课的时候曾将《植物大战僵尸》《手机锁屏》等学生耳熟能详的游戏巧妙地与教学内容相结合,极大激发了学生的学习兴趣,从而提升了教学效果。

实践运用与建议

用"游戏化"的思路丰富教学

　　2017年6月21日,我上了一堂《2017年高考全国卷Ⅰ作文的写作探究》的公开课,开始就是"游戏识词"的环节。我先将题干中提及的有关中国的 12 个关键词做成 12 张卡片，然后让 12 位学生上台随机抽取卡片。接下来，他们需要解释词意。最后，他们还要揭示其中某两个或三个词之间的有机联系。在"游戏"的牵引下，整个课堂就在轻松愉快的氛围中渐入佳境。在另一堂公开课《病句的辨析和记忆》上，当讲解多项定语、多项状语的排列问题时，我先用磁铁把提前准备好的纸片以乱序的排列方式贴在黑板上。之后，我让学生以小组为单位上台来"还原"，学生的参与热情瞬间高涨。

把跨学科、跨题型的思想融入教学

比如，为了给学生透彻地讲解一道对联排序题，我专门写了一篇论文——《"数学思想"在对联排序题中的运用》；在讲解苏轼《赤壁赋》中的重难点句子翻译时，我特别强调了文言翻译思想与英语完形填空思想的相通性，并且举出了文中的具体例证；在讲解王安石的《游褒禅山记》时，我给学生补充了一些相关的地理知识；在复习文言文《烛之武退秦师》时，我用一篇下水作文教学生如何仿照烛之武的"说理思路"来写"任务驱动型"作文。

将热播电视剧或者社会热点事件与教学进行深度融合

在进行学业水平考试复习时，恰逢电视剧《择天记》热播，为了提升他们的兴趣，我选取了该电视剧的主题曲《星辰》作为素材，教学生如何用这个素材去记忆诗歌鉴赏中纷繁复杂的"表现手法"。之后，又赶上纪录片《一带一路》的播出。在讲解作文的时候，我先给学生看十分钟纪录片，然后给学生现场展示如何把"一带一路"的素材巧妙融入考试作文。

用限定素材的方式进行作文专题训练

我在课本和试卷两个方面都作出了尝试。先说课本，在讲《记梁任公先生的一次演讲》时，我问学生：你们觉得什么素材最为生疏？他们回答："《箜篌引》。"于是，我写了一篇论文教他们如何用这个看似难以使用的素材写他们近三次阶段性考试中所碰到的作文题。在讲鲍照的《拟行路难》

(其四)时,我又用"鲍照"的素材写了一篇下水作文《你的月夜,谁的春江花》。还有《越熟悉,越远离》《遇见》《脚在动,心不变》等文章分别是我在讲《滕王阁序》《湘夫人》《林教头风雪山神庙》等课文时所写。再说试卷,在论文《以彼之道,还施彼身——高考语文试卷的作文化训练》中,我以2016年高考全国卷Ⅰ为例,针对"巴掌和唇印"的漫画作文题写了十个片段,意在教会学生如何在试卷上找寻写作灵感。

用智慧点燃孩子们的热情

云南省曲靖市民族中学　　李艳春

徒具天赋并不保证能够成功。比拥有天赋更重要的是：家长与教师们须精雕细琢这些本质，循循善诱地教导孩子们，让这些基础的本能与性格转化他们的天赋，成为卓越超群的特殊结果。（《第56号教室的奇迹2：点燃孩子的热情》，第7页）

阅读感悟与反思

虽然几年前我就读过雷夫的《第56号教室的奇迹：让孩子变成爱学习的天使》，也曾为雷夫的精神所打动，但坦白地说，如果不是诗意语文的感召，不是阅读小组的任务分配，我不敢保证自己有耐心把《第56号教室的奇迹2：点燃孩子的热情》这本书读完。当我真正读进去、读完，我再次震撼了！全书不足200页，围绕着一场棒球比赛的九局比赛和赛前、赛后，分十个部分，看似写一场球赛，但观看一场球赛的过程，却让读者看到雷夫的学生与众不同的见识、教养和自信。他们会为观看比赛而提前做"功课"，会提前入场候赛，会认真观赛记分、总结，会尊重球员、失利球队……通过观看一场球赛的表现，我们可以看出雷夫的学生——五年级的孩子专注、坚持、谦逊、不自私、会管理时间。这些无不渗透着一个杰出教育家的情怀，他用智慧点燃了无数孩子的热情，让他们在学业和人生路上超越他人，超越自我，成就非凡。

智慧一：用情怀感染学生。很难想象，在今天这个物质至上的时代，在美国,有这样一个老师,动用自己的人际关系,为班上的孩子争取到每场职业棒球比赛的6张入场券,然后他开着自己的房车,牺牲自己的周末,每场球赛,他带着5位学生去观看。这是教室以外的教育,雷夫坚持着。他的学生们也坚持着在星期五下午2:19下课后,自愿留到5:00研究莎士比亚,这是教室以外的学习,孩子们坚持着。

智慧二:用榜样引领学生。《华盛顿邮报》这样评价他:"雷夫·艾斯奎斯是美国最有趣、最有影响力的教师,但他并未得到应得的所有荣誉,当然,他不会在乎那些。雷夫·艾斯奎斯相信树立榜样是教师们要做的最重要的事情之一。"孔子说:"其身正,不令而行;其身不正,虽令不从。"雷夫说:"我要学生诚实、友善、勤奋努力,那就意味着我要先做到学生眼中最诚实、友善、勤奋努力的人,而且必须长此以往,无怨无悔。""如果你想要在庸庸碌碌的世界养育卓越非凡的孩子,就要有耐心,永远以身作则,身先士卒。那样,优秀的品质才能在他们的性格与灵魂中扎根。"

智慧三:用文学、艺术陶冶学生。雷夫是数学老师,但他的教育事业却不囿于数学。戏剧、电影、文学作品、音乐等文学艺术都有规划地进入课堂内外。谁能想象五年级的孩子能研究、表演莎士比亚戏剧!从56号教室到美国皇家剧院到世界各地舞台,孩子们在研究、表演的过程中学会守时、学会尊重、学会自信。关于阅读,雷夫认为:"为乐趣而阅读的孩子比大多数只阅读指定功课的孩子拥有更多的热情与持久的专注。""娱乐性的阅读有助于学生精通各种专业,从艺术作品到科学实验。延长阅读的时间,然后与同伴讨论内容是加强专注力的无价练习。"

智慧四:用学生的兴趣改变学生。在这本书的所有案例中,最打动我的是一个叫山姆的学生的蜕变。雷夫初见山姆时,他上课无法安静地坐着,时常不按顺序发言,离题又难打断,全身污秽邋遢,不受老师和学生的欢迎,但11个月后他却变成大伙的一分子,有了真正的朋友,原因是雷夫帮他找到了自己的兴趣——美国历史。从此,他贪婪地阅读着每一本能找到的相关书籍,充满了爱国的热忱,各方面的进步都一日千里。雷夫说:"一旦找到自己的兴趣,一个学者就诞生了。"

实践运用与建议

我国著名的教育家吕型伟先生说:"教育是事业,事业的意义在于献身;教育是科学,科学的价值在于求真;教育是艺术,艺术的生命在于创新。"事业、科学、艺术,献身、求真、创新,这些关键词量出了教师职业的难度、厚度和长度。

苏格拉底说:"教育不是灌输,而是点燃火焰。"在几十年的教育生涯中,教师要用智慧去点燃孩子们的学习热情。

发现并放大优点

20 年来,我的学生中有多少个"山姆"。在 2017 年刚毕业的这一届学生中,我所教的班级有一个叫小斌的男同学,由于对学习缺乏热情,从早到晚嗜睡,但他写得一手漂亮的行楷。我发现了他的这一优点,就让他书写教学目标,誊写作文范文。他嗜睡,我就把他的晨读任务变成抄写必背诗文,把听课任务变成抄写与学习有关的内容,有机会就向学生展示他的"成果"。后来这孩子越来越有热情,毕业时还专门用漂亮的书法字给我写了一张卡片。加措活佛说:"每一朵花都是对这个世界最好的装扮。"作为老师,我们真的有义务用心、用情、用智慧去让每一朵花绽放。

提高自身的艺术修养

文学艺术自不必说,是语文教师的基本功,这是语文的必修课,否则语文课就成了语言课。虽然不是每一个语文教师都能像雷夫一样是全才,但我们也要尽力提高自己的艺术修养才能在教学中游刃有余,才能给学生更好的影响。例如白居易的《琵琶行》这一经典长诗,其中有这样的音乐描写:"大弦嘈嘈如急雨,小弦切切如私语。嘈嘈切切错杂弹,大珠小珠落玉盘。"最初,我只能用一个干瘪的比喻和一个空洞的词语"清脆"来解释,但内心总觉得没味。直到陪女儿学钢琴,我才懂得"大珠小珠落玉盘"是要靠演奏者纯熟的技艺,做到每一个音符颗粒饱满、干干净净,身心俱入,才能达到的艺术境界。

为自己的工作自豪

雷夫常引用一首无名诗来激励孩子们为自己所干的事而骄傲：

> 假如你命该扫街，
> 就扫得有模有样。
> 一如米开朗基罗在画画，
> 一如莎士比亚在写诗，
> 一如贝多芬在作曲。

假如你命该当老师，不也一样该如此吗？

我又想起董一菲老师说过："无论现实多么的残破与荒芜，我们都要用诗意去覆盖。"

我们生活在一个功利、浮躁的时代，教育这片曾经的净土也难免受时代病毒的感染，很多老师抱怨，甚至咒骂，但又无法摆脱，于是年复一年地消耗着职业热情，消耗着生命，但总有一些人在坚守，在骄傲地当老师，从事教育工作，哪怕一辈子默默无闻。

雨果说："有了物质，那是生存；有了精神，那才是生活。"而我想说："有了专业知识和技能，那是教学；有了智慧，那才是教育。"努力做一个智慧的老师，去点燃学生学习和生活的热情。

给"灰色学生"多一些阳光
——谈对中等生的关注教育

山东省新泰市福田实验学校　　公维桂

由于这类学生长期无人留意,他们会因老师的突然关注而特别兴奋。做老师的可别低估了关注和诚恳赞誉的神奇力量,在你持续不断的关注和赞誉中,他们开始慢慢向第一类学生靠近。(《第56号教室的奇迹3:说给老师的真心话》,第149页)

阅读感悟与反思

在《第56号教室的奇迹3:说给老师的真心话》这本书里,雷夫老师将全班孩子大致分为三类:第一类被他称为"上帝赠与的礼物",这样的孩子喜欢学校,喜欢老师,他们聪明、懂事,受到老师和同学的欢迎。第二类,中等生,他们默默无闻很不起眼,经常被忽略,但他们也很努力地完成功课,并且从不惹是生非。第三类就是让所有老师都头痛的孩子,他们讨厌学校,讨厌老师甚至威胁恐吓老师,总是口出狂言、打架惹事,总之麻烦不断。

作为老师,你最喜欢哪一类孩子?毫无疑问当然是第一类。那你最关注哪一类孩子?这个问题的答案就不是唯一的了。审视自己,我发现我最关注的是第三类即最让我头痛的那一类孩子。我只要接新班,最先记住的学生,往往是学习最差的或者是学习最好的。优生各方面表现出色,备受老师青睐,后进生因为问题多多也极惹老师关注。剩下中等生,他们既不受老师表扬,也不受老师批评,他们学习平平、表现一般,因为"让老师放心",往往被我忽略了。

特别是第三类让老师感觉头痛的孩子,我把大量的精力都用在了他们身上。讲新知识时,怕他们听不懂,总是提问他们,可他们总是不听讲,有时故意出洋相,惹得全班哄堂大笑。每到这时,我的情绪开始烦躁,就开始数落这些孩子的种种缺点,忍无可忍的时候又摔课本,又踢桌子。而这时大部分孩子呢?显然被老师遗忘了。批阅试卷的时候,我也是先把优等生的愉悦地阅完,然后开始看后进生的。看到后进生那点可怜的分数,特别是一些可笑又可气的答案,我是气得牙根痒痒啊。比如一个孩子不写作文,在作文纸上歪歪扭扭地写着这样一句话:"此处省略几千字,欲知真相,请扫描旁边的二维码。"并且字的旁边真的画上二维码。我当时恨不得马上拍照,发到家长微信群,让家长看看这都什么孩子呀!理智告诉我,不能这样做,于是我开始找这些孩子谈话,结果谈来谈去,中等生的试卷没时间批阅了。

而雷夫呢?真是位充满智慧的老师。他把最大的精力放在第二类孩子身上。因为这类孩子有上进心,也有成为优秀生的潜质。有时只是由于性格的原因缺乏自信,只需要老师给予鼓励与机会。多关注这类孩子,多给他们机会,多给他们鼓励,有时只是一句"孩子你真棒!""你的作业有进步!"便能让孩子如沐春风。孩子得到了老师的认可,便会更加自信,更加努力,就会朝第一类孩子看齐,进步显而易见。

拜读了雷夫的作品,他的这一做法让我很受震动。他说:"只要你改变焦点,开始关注易被忽略的第二类学生,你班里的面貌定会焕然一新。"这个观点和我平时的做法正好相反。当我认认真真看完他的事例后,如醍醐灌顶,自己为何不试试雷夫的做法呢?优等生本身习惯不错,只要稍加关注,他们就会稳步向前,何必再多花很多时间呢。"差生"调皮贪玩,习惯不太好,基础不太好,就是天天逼着他们,收效也是微乎其微。中等生资质平平,成绩一般,听话,不惹事,可如果在他们身上下足了劲儿,应该会有成效的。

实践运用与建议

美国教育家把班级里的中等生称为"灰色学生"。其实,中等生也只是教育者给部分学生的一种称谓,每个孩子都有他们的特长。目前,教育中忽视中等生的做法,实质上是教育的一种疏忽,教师们常常津津乐道的经验是"抓两头带中间",这"带中间"就使中等生被许多老师"一带而过"了。作为老师,我们如何关注这些被我们遗忘在角落里的孩子呢?

勤织经线——给予关爱,温暖心灵

"人性最深刻的原则,就是恳求别人对自己的关怀。"每个孩子都渴望得到老师的关注,尤其是中等生,他们特别希望得到老师的重视。华是我班一个很内向很敏感的学生,成绩中等,会无缘无故地课上大哭,会发一些小脾气,很固执任性,几乎没有朋友。

任课老师都说这孩子难管,千万别去招惹,否则会自讨没趣。我也见识过她种种的任性行为,比如:上课无缘无故地大哭,跟同桌吵架,跟老师闹脾气,等等。我也是尽量别去"招惹"她,以免触及到她敏感的神经。后来我了解到这孩子一直内向敏感的原因:她的父母经常忙着工作,很少关心她,她还有一个弟弟,家长可能有点重男轻女,导致孩子在家也很少说话。我找了一个合适的时间与她谈了好多,我告诉她我以前是多么的内向,后来我在大学通过勤工助学的方式改变了自己的性格,并且为了锻炼自己我还打扫过卫生间。她听完后眼睛里充满了惊讶,我们之间多了一份信任。其实敏感的孩子更需要的是关心和鼓励。

上课的时候,我就给孩子们讲一些关于成长的小故事,她听得很认真。她作文好,我就帮她投稿,经常在班里范读她的作文,她的作业本也经常被当作典范展示给同学们。我每次去书店买书的时候也会给她捎几本。以前孤独一人的她,不知从什么时候开始,身边的朋友越来越多;以前面无表情的她,现在开始笑容满面;以前上课沉默寡言的她,现在变得激情四射,神采飞扬。她的成绩进步很快。课间的时候,她会主动到我办公室问问题,偶尔还跟老师开开玩笑。有一回,她问完问题看着电脑上我的照片淘气地说:

"老师，你以前这么漂亮呀，现在让我们班都气胖了。"边说边笑个不停。看到她纯真无邪的笑，我觉得真好。一缕阳光从窗户射进来，金色的阳光散在她可爱的脸上，她像一朵绽放的向日葵，美丽极了。

内向的孩子都有一颗敏感的心，我们需要做的是耐心地用心地静待花开。

巧编纬线——挖掘亮点，赏识教育

得到赏识是每个人的追求，每个学生都希望得到肯定，都希望快乐地成长。中等生往往既自尊又自卑，渴望得到家长和老师的表扬，同时又耿耿于家长和老师的批评。因此，老师应该避免对中等生的消极评价。我们要善于竖起大拇指，善待学生，给中等生多一些关爱，多一些称赞，那样，你往往会收到意想不到的效果！多和中等生进行一些"平等"的交流，尊重中等生在班里的地位，多听听中等生的建设性意见，能够采纳自然很好，不采纳也应当心平气和地向他们解释为什么，如此他们就会体验到自己在老师心目中的地位，体验到老师对自己的期望、尊重和信任，自然也就能够形成健康的自尊心和自信心。

关注课堂教学——打破沉默，阳光普照

让中等生成为课堂的主角。在我们的教学中，老师们常常抱怨那些中等生老不发言，课堂成了老师和优等生对话的场所，中等生和"差生"成了优等生的"伴读"。调动中等生的积极性，是解决这一问题的关键。因此，我们在教学中要通过多种途径来改变这一现象，充分调动中等生的积极性。首先要精心备课，多设计一些中等生能够回答的问题，让他们体验成功。上课时，时时向他们投去关心、鼓励的目光，只要他们举手，就把机会留给他们。合理、适度地对他们进行表扬，激起他们再发言的欲望。

广设平台——个性发展，百花齐放

安东尼·罗宾说过："人的潜能犹如一座待开发的金矿，蕴藏无比，价值无比，而我们每一个人都有一座潜能的金矿。"我们要有意识地为中等生

创设机会,让他们从活动中发现自身的优势与弱势,给他们展示自己优势的机会,帮助中等生用"望远镜"认识自我。给一些表现和成功的机会则对增强中等生的自信心作用更大。成功的记录越多,自信心就越容易获得。法国著名教育家卢梭曾经说过:"赞扬学生微小的进步,要比嘲笑其显著的恶迹高明得多。"我在阅读教学中开展"书香校园朗读者"活动,给更多的中等生提供朗读锻炼的机会,每次朗读有进步的同学,我会将录像发布在学校公众号上。"成长记录袋活动"的有效实施,可以促进中等生自我认识能力的提高,有效促进他们的学习与发展。

相貌平平的简·爱对罗切斯特说:"我们的精神是同等的!就如同你跟我经过坟墓,将同样站在上帝面前!"这句永恒的经典台词打动过无数人的心,希望也能唤起我们对中等生的关注。让我们用爱给这个遗忘的角落以特别的关心,让我们用爱来温暖角落里孩子们脆弱的心灵,让遗忘之花美丽绽放。

聚焦核心素养，创新课堂教学

内蒙古自治区通辽实验中学　　毕云涛

现在的孩子不仅忘了该如何追求生活、自由和幸福，而且还很不幸地认为自己"有资格获得"，而不是自己去追求。这完全是我们教师和家长的责任。我们应该让孩子了解看电影、去跳舞都是很好的活动，但宪法并不保证他们也有这样的权利去享受。他们应该自己去争取。这并非是讨价还价，而是做事的方式，我们的孩子越早理解这个关键问题，他们就能在生活中越早获得成功。(《第56号教室的奇迹4：成功无捷径》，第131页)

■ 阅读感悟与反思

"父母之爱子，则为之计深远"；教师之爱学生，则竭尽所能为学生的终身发展考虑，为学生的一生幸福奠基。或许我们拥有的只是一间小小的教室，只是一两年与学生相处的时间，但是又有什么关系呢？"一间教室的容量可以很大很大，他可以带给孩子无限多的东西；一年的时间可以很长很长，它足以奠定孩子一生的重要品格与能力基础。"一间教室能给孩子们带来什么，取决于教室桌椅之外的空白处流动着什么。一年的时间能奠定孩子哪些重要的品格与能力，取决于教师教育的艺术和智慧程度。第56号教室的奇迹，源于雷夫老师截然不同的教育观念与丰富多样的课堂生活。他就像一位心灵导师，教给学生终身受用的技巧，重视学生人格、信念的培养。这也是当下我们中国教育界正努力践行的——培养学生的核心素养。作为老师，不管任教哪一个学科，都应该努力挖掘和培养学生能够适应终身发展需要的必备品格和关键能力，真正将核心素养挖掘到位，努力给孩子高品质的教育，让学生在深刻的体验中，释放天性，释放情绪，释放智慧。

实践运用与建议

雷夫是我的榜样，我一直在思考如何聚焦核心素养的培养，整合课堂内外资源，创新课程教学手段，把适应终身发展和社会发展需要的必备品格和关键能力融入日常教学中，力争让学生兼具高品位审美情趣与中国情怀、世界眼光。我主要尝试做了以下几点：

用小活动渗透大情怀

高一新生开学第一课，我设计的语文活动是"你的名字"，仿照张晓风的散文《你的名字》，把同学们的名字串写成散文，并请同学们谈谈名字的意义，让同学们说说自己名字的来源和蕴含的美好祝福与寓意，鼓励同学们珍视名字，努力做最好的自己，不辜负自己的名字。最后大家在黑板上郑重签下自己的名字，作为对自己的承诺。

在学习古代人物传记时，我要求同学们为自己家族里的人物作传，了解祖辈的生活与家族的优秀传统。同时，我还要求同学们了解自己家族的家规家训，并设想作为家族的一员，由自己来制定家族的家规家训。

在国家公祭日，我们会举行班级朗诵、演讲等公祭活动，在端午重阳等传统节日，我们则会举办猜谜、对联、诗歌朗诵等活动，让同学们在活动中追祖敬己，在了解传统文化的同时受到家国情怀的润泽。

同时，学校征文和通辽市创读书城等各种活动，我鼓励同学们积极参与。如为学校编写通辽实验中学赋，为通辽设计"阅读城"的口号，让他们在参与中，提升文化认同感和归属感。

用主题月培养好习惯

主题月包括两种类型，一类以培养某一好习惯为主题，如高一新生入学，我把9月定位为"好习惯养成月"，之后陆续有"语文书写习惯""小组合作学习习惯"等培养月。这类主题月更注重学法、习惯的指导。

另一类以知识能力整合提升为主题，比如戏剧月，我指导学生整合《牡丹亭》《雷雨》《罗密欧与朱丽叶》等中外十多部戏剧，自由申报、排练，然后利用语文自习时间上演。这类主题月更注重综合实践能力的培养。

用微写作提升思考力

引导学生明辨是非，我借助微写作设计。微写作大体内容分为三类：一类是我写我心，如我身边的英雄、对我最有教益的一个批评、我的年终汉字等，引导学生观察生活，思考身边的现象，找到自己的榜样，反思自我，培养独立的思考和判断能力，形成正确的价值观、人生观；一类是时事评论，比如他们写了《节日不是还债日》《说好真心话，谨防大冒险》《当爱心遇到职业乞丐》等；一类是课文的再创造，比如为阿房宫写导游词，从祥林嫂、柳妈等不同人物角度去重写改写《祝福》，描述海明威的照片形象，等等。这些都鼓励同学们多维度观察和思考问题，锻炼了同学们的表达能力，更提升了他们的思考深度和广度。

在做这些活动的时候，我像雷夫老师一样，会不断重复、再重复以下两个理念：

（1）"教室就是出错的地方"。我告诉同学们"走错路，更有价值"，要不怕出错。成功无捷径，卓越都是靠不断尝试、纠错和努力得来的。

（2）有人少年得志，有人大器晚成；有人才思敏捷，立马可待，有人却是苦吟派，精益求精。所以我欣赏并尊重每个同学的个性差异，鼓励每个同学都能释放自己，释放智慧，发现自己，提升自己。我认为教育是农业，需要顺应天性，释放天性，助学生完成自我成长。

教育的魅力就在于"仰之弥高，钻之弥坚，瞻之在前，忽焉在后"，我也渴望像雷夫老师一样，创造一个属于自己教室的奇迹。所以，聚焦核心素养的培养，为学生终身发展与一生幸福奠基，将是我的语文课堂永远的追求。

附：雷夫教育箴言

（1）这里就像是块绿洲，但它少了某个东西。讽刺的是，第56号教室之所以特别，不是因为它拥有什么，而是因为它缺乏了这样东西——害怕。（《第56号教室的奇迹：让孩子变成爱学习的天使》，第5页）

（2）绝对不要忘了：孩子们一直看着你，他们以你为榜样。你要他们做到的事情，自己要先做到。我要我的学生和气待人、认真勤勉，那么我最好就是他们所认识的人之中最和气待人、最认真勤勉的一个。别想愚弄小孩，他们很聪明，一定会识破的。（《第56号教室的奇迹：让孩子变成爱学习的天使》，第9页）

（3）规则固然有其必要性，然而在我们最景仰的英雄当中，有许多人之所以能成就伟业，正是因为他们不守规则。（《第56号教室的奇迹：让孩子变成爱学习的天使》，第20页）

（4）如果小孩会算10道乘法题，为什么要他做500道题？如果他连10道题都不会算，那么要他做500道题的意义在哪里？（《第56号教室的奇迹：让孩子变成爱学习的天使》，第61—62页）

（5）切记，"失败"是由身为教师的我们自行认定的。在第56号教室，飞不起来的火箭不是失败，只有当学生停止解决问题的尝试时才算失败。（《第56号教室的奇迹：让孩子变成爱学习的天使》，第98页）

（6）无论个人资质如何，音乐对孩子完全的发展都至关重要。（《第56号教室的奇迹2：点燃孩子的热情》，第29页）

（7）艺术能敞开大门，但学生仍然必须自己走进去。（《第56号教室的奇迹2：点燃孩子的热情》，第55页）

（8）孩子们必须渐渐地自给自足，而且过着自己的人生。不过，在他们宣告独立之前，把一些能帮助他做决定的信息塞满他的书包，是有益而无害的。(《第56号教室的奇迹2：点燃孩子的热情》，第87页）

（9）当我不再试着打动他人的心时，人们却被打动了！那是教导与练习谦逊之美的结果，每个人都是赢家。当我真正明白谦逊的重要时，便成为学生更好的模范。毕竟，当父母与教师的首要原则，是做个我们想要孩子变成的人。(《第56号教室的奇迹2：点燃孩子的热情》，第139页）

（10）成功总是磨砺着许多有能力的孩子。在他们的书包里总是还有空间塞下另一个工具，以帮助他们跃过障碍。(《第56号教室的奇迹2：点燃孩子的热情》，第171页）

（11）不必刻意隐瞒，教书这一行不会总是充满欢声笑语，缺乏尊重和感恩之心是老师心理消极的主因。老师们，与其天天牢骚满腹，不如正视这一顽疾，找寻应对的方法。(《第56号教室的奇迹3：说给老师的真心话》，第142页）

（12）只要你改变焦点，开始关注易被忽略的第二类学生，你班里的面貌定会焕然一新。(《第56号教室的奇迹3：说给老师的真心话》，第151页）

（13）开学伊始，即可仔细考量学生，发觉那些有潜质的中等生。如你肯定他们知道答案，可鼓励他们举手发言。也要让第三类学生知道，他们只是班内普通一员，老师不会另眼相待，给予过多关照，老师当然关心他们，可其他学生也同样需要关心。(《第56号教室的奇迹3：说给老师的真心话》，第151页）

（14）需要注意的是，学生学业进步与否是跟他们自己的过去相比较，绝非跟其他学生比，可告知学生，山外有山，天外有天，总有人比他们跑得更快、计算得更准、作文写得更好。拿出他们过去的作业，展示他们的进步。切勿在学生面前拿出其他人的作业大加赞赏。(《第56号教室的奇迹3：说给老师的真心话》，第152页）

（15）任何一个优秀的教师都必须要回答以下几个简短且难以回答的问题：你的使命是什么？孩子们在你的课堂上能学到什么？他们能改正哪些缺点和毛病？(《第56号教室的奇迹4：成功无捷径》，第15页）

（16）真正的好老师最后会使自己的教学转向另一个层面，并且会认真考虑自己究竟想达到什么目的。(《第56号教室的奇迹4：成功无捷径》，第16页)

（17）由于那个"成功无捷径"的标语已经深入人心，这个团队里的每一个孩子都明白，一年的代数成绩并不能说明什么问题，这只是一个开始罢了。从孩子们开始理解这层含义起，这个简单的标语就影响着他们每一个人的行为举止。他们虽然信心倍增，但并不曾宣告于人，这是一种沉静的、坚决的信念。(《第56号教室的奇迹4：成功无捷径》，第20页)

（18）你可千万不能取消阅读时间。我一定会用其他科目的教学时间来取代，但绝非阅读课，因为我希望学生们能理解，他们的阅读和写作能力是生死攸关的事情。(《第56号教室的奇迹4：成功无捷径》，第39页)

（19）学习四法则是解释、示范、模仿、重复，目的是创建一个即使在重压下也能保持的正确习惯。为了确保达到这个目的，我创造了八条规则，那就是——解释、示范、模仿、重复、重复、重复、重复、再重复。(《第56号教室的奇迹4：成功无捷径》，第46页)

（20）除了"成功无捷径"的标语之外，班上的孩子们又要了解另外几个词："善待他人，努力学习"。并非每个学生都能成为代数学专家，都能成为艺术家、演奏家，都能成为明星运动员。但是，每个学生都会被询问，是否已经倾尽全力。(《第56号教室的奇迹4：成功无捷径》，第90页)

（21）这是一个包罗万象的班级经济体系，不仅帮助学生们理解了算术方面的重要概念，而且还有效处理了很多孩子们的学校行为产生的后果，更重要的是，教会孩子们有利于塑造其性格和未来的价值技能。(《第56号教室的奇迹4：成功无捷径》，第123页)

（22）一个好老师能够帮助学生们改善其生活质量。很多孩子都生长于贫困家庭中，我的主要目的就是给这样的孩子一个结束贫穷生活的机会，让他们充满希望和梦想。仅仅要求孩子努力学习取得成功是远远不够的，他们当中甚至有很多人都不了解努力学习取得成功是什么意思。(《第56号教室的奇迹4：成功无捷径》，第132页)

PART 10

第十辑

跟卢梭学做教师

卢梭是法国18世纪伟大的启蒙思想家、哲学家、教育家、文学家。《爱弥儿》是卢梭的代表作,强调了重视"人的教育"的思想在教育上的重要作用,主张教育目的在培养自然人;主张改革教育内容和方法,顺应儿童的本性,让他们的身心自由发展。这是一部家庭教育方面的经典之作,其思想在今天仍具有极大的参考价值。

教育，就是让人的灵魂充满"诗意"

山西省平遥县第三中学校　　郭天明

我们所受的教育或来自自然，或来自人，或来自事物。我们的器官和才能的内在成长，是自然的教育；我们学习如何利用这种成长，是人的教育；我们从周围的环境中所得的阅历和经验，是事物的教育。

由此说来，我们每个人都有三位老师在教导。如果这三位老师教授的多种课程在一位学生身上相互冲突，那他就没有得到合适的教养，而且永远都不会实现自我的和谐；如果这三位老师对一位学生的教育有着共同的出发点，并朝着同样的结果努力那他就会直达目标，而且能善始善终。后一位学生才受到了良好的教育。

现在，这三种教育中，自然的教育完全不在我们的控制范围之内；事物的教育只有一部分我们能尽自己所能；人的教育是我们唯一能真正做主和掌控的。（卢梭：《爱弥儿》，台海出版社，2016年版，第8页。以下只注明页码）

阅读感悟与反思

《爱弥儿》一书，作者把自己关于教育的观点，放在爱弥儿的成长过程中加以说明和印证，表达了对教育的思考。确切地说，《爱弥儿》是一本关于教育的书，特别是一本关于家庭教育的书，一本关于贵族家庭教育的书。主要是写给母亲（也包括父亲）和家庭教师的，而不是一本关于教学的书。但是，卢梭的许多观点，是适合于我们在教学过程中去践行的。

作者把我们所受的教育分为自然的教育、人的教育和事物的教育，在重点突出人的教育的同时,追求这三种教育的和谐统一。虽然有许多观点放在今天的大背景下有待商榷,但是不能不说,卢梭对于教育的方向思索是非常正确的。

卢梭强调"人的教育"在孩子成长过程中的重要作用,并且强调"人的教育"要符合孩子的天性,即要顺着孩子可能达到的成就高度,自然而然地引导并教育孩子获得身心的健康成长。

卢梭并不从孩子所获得的荣誉、地位、金钱来衡量教育的成功与否,相反他以孩子是否获得身心的自然成长为标志,将健全的人格成长视为孩子的教育成功。这也是我们当下应当思考的触点。如今,许多家长、教师、学校乃至社会,都把多少人考入名校作为衡量教育是否成功的标志,却忽略学生心理、身体的健康,以至于中国学生的体质、心理存在很大问题。应当说,这不符合我国可持续发展的要求。正是在这样的背景下,我国提出了"核心素养"的教育目标,卢梭的观点对于我们践行培育"核心素养"的教育目标具有很大的参考价值。

就语文教学而言,我觉得《爱弥儿》对于我们怎样践行语文的核心素养——"语言的构建与运用,审美鉴赏与创造,文化传承与理解"具有穿越时空的参考价值,能让我们在古今中外的教育思索中,思考语文(民族语言)的教育价值。民族语言是一个国家的文化载体,我们必须从更大的视野去解读,去践行,去趋善。

诗意语文,正是这样一个切合点。

实践运用与建议

卢梭虽然没有直接说"人的教育"顺乎人的天性是否应当有个限度,但是从他的论述中可知"人的教育"也是有目标的,是要把学生从一个自然的人培养成一个社会的人,进而培养成一个国家公民。这样的一个顺乎人类天性而又有趋善的目标,我觉得是富有"诗意"的。

"诗意语文"是全国著名语文教师董一菲倡导并践行的语文教学实践活动,在一线老师中产生了广泛的影响力。在《我的诗意语文教育观》一文中，董一菲老师把"诗意语文"概括为七个要素：给学生一个文学的世界，给学生悲天悯人的情怀，给学生最美的母语，给学生一颗善感的心，给学生一个爱的信念，给学生一个理性的世界，给学生内儒外道的人生智慧。

这七点主张，无一不是从学生的身心健康成长的角度舒展的，无一不是从让学生成为一名健康的社会的人的观念出发的。顺乎人的天性而又让人得以成长，远方的那个标杆是什么？就语文而言，是"诗意"。这已为董一菲老师及一大批追随者的教学实践所印证。

"诗意"不是必须达成的目标，而是必须趋向的目标。因为——

第一，"诗意"是人性、生命的最高境界。人类社会的发展，我们总希望指向美好的方向。对于这个美好方向的表达，"诗意"是最有张力的，因为"诗意"是人类文明发展的最好表达和标志。一个有"诗意"的民族是有文明厚度的民族；一个有"诗意"情怀的人，是有哲学境界的人。一个人可能写不出诗，但是可以有"诗意"。一个有"诗意"的学生，一个有"诗意"的人，是可以拥有人类一切美好品质和情怀的。从这点上说，培养学生的"诗意"，就是培养学生趋善的意识，这是学生身心健康成长的灯塔。

第二，"诗意"是中华文化的最好表达。汉语作为我们民族的母语，一方面是人们交际的工具，另一方面又是我国源远流长的民族文化的载体，激荡着华夏文明澎湃的血脉。"汉魂唐魄"是我们母语的灵魂，以其独特的美感和丰富的情意，在向世人昭示着文字之美、文韵之美、文句之美、文辞之美、文段之美、文风之美、文体之美、文化之美。当我们回首汉语的历史星河，我们会发现中华文明的发展指向是温柔敦厚和外柔内刚相济的综合。"诗意"是我们民族文化的凝聚表达。

第三，"诗意"是语文教学的终极目标。在语文教学中，教材怎样处理，每一篇文章怎样定位，每一堂课怎样组织，每一个生成怎样处理等问题，众说纷纭，但是我个人认为，把握住培养学生"诗意"这样一个终极目标，所有的疑惑都可以迎刃而解；把握住"诗意"这样一个终极目标，所有的解答都有了一个终极趋向。

第四，"诗意"是学生核心素养的别样表达。通过语文的学习，一个学生如果具有了"诗意"的灵魂和情怀，必然具备未来社会所需的核心素养。

在《我与地坛》的讲授中，可引导学生在感悟中思考"敬畏生命""敬畏自然"的哲学命题，进而从中国文化角度去阐释去体会作者史铁生博大深邃的精神世界，明晓"地坛"的象征意义：博大、沧桑、厚重、母性般的美丽。这就是"诗意"在语文课堂上的具体绽放。

借助于中华光耀千古的文化经典，我们可以引导学生在读中感，感中悟，感而有所用。我们不必苛求学生成为诗人，成为哲人，但是我们要使学生具有思维着的理性。

有着"诗意"情怀的学生，必然是有着人类情怀的成长者。

走向生本，激扬生命

四川省宜宾市六中　　张　萍

我们从没有把自己放在孩子的位置上来想问题，我们也没能走进孩子的思想世界，我们只是把我们自己的观念授予他们。当我们进行着自己的连锁推理时，我们往他们的头脑中灌输的只是错误和谬论而已。（第261页）

阅读感悟与反思

《爱弥儿》中，卢梭通过爱弥儿从出生到成人的教育历程，分了五卷来系统阐述他的"自然教育理论"。在第一卷中，他着重论述了2岁以前的婴儿如何进行体育教育，使儿童能自然发展，给孩子多些真正的自由。在第二卷中，他认为2～12岁的儿童处于理性的睡眠期，不应对他们的心灵有所教化，因此主张对这一时期的儿童进行感官教育。应该把成人当作成人，把孩子看作孩子，按人的天性处理人的欲念。第三卷论述了对12～15岁少年的智育教育。第四卷侧重对15～20岁青年的德育教育。第五卷则是对女子的教育以及男女青年的爱情教育。

在这部著作中，卢梭的教育思想可概括为自然教育思想。所谓自然教育，就是以儿童的"内在自然"或"天性"为中心的教育，即尊重儿童身心发展，根据儿童年龄特征而实施的教育。卢梭的教育思想有极丰富的现代价值。卢梭的儿童观给现代教育以重要启示：尊重儿童、解放儿童。解放儿童应从四个方面着手：让儿童主动探索学习，让儿童创造性地学习，把儿童从传统的师生关系束缚中解放出来，把儿童从家庭、教师和社会所寄予的沉重期望中解放出来。

而在孩子的一系列成长教育中,教师的作用举足轻重。

我们教师应该以学生为本,遵循学生身心健康成长的规律,达成教育的最终目的:把学生培养成一个能使自己幸福的人!

今天,我们以教师的身份,怎样来解读卢梭的"自然教育思想"呢?

我觉得,做一个有教育智慧的优秀教师应该具备如下三个教育观念。

学习的发生之处是学生,学生是最大的教学资源

学生是一个个活生生的生命,是天作之才,是天地间多少万年进化出的精灵!孩子生下来并不是一张白纸,祖先在他的大脑里储存了无数的信息资源,人的潜能是无限的,人具有学习的天性,人是天生的学习者、感悟者、阅读者、计算者、思考者。人往高处走,进取是人的本性。

老师的任务是点燃、唤醒、激发学生的潜能,只有当学生的潜能真正被激发,学习效率才能真正提高。学生对于知识的掌握,基于自己的思考和感悟,在互相启发、质疑当中进行。知识世界的一切都是那样的合情合理,有来龙有去脉,只要静下心来,服膺于自然,寄托于悟,他们都可以学,学得出神入化,学得丰富多彩。

天与之,天放之,天助之,天任之,天成之,相信生命,激扬生命,每个生命以其自然之伟力促使自己提升,这就是"天纵其才"。

教师的最高境界,是"不见自我"

我们一直以来,以为教师做得越多,越光荣,是服务充分的表现,教育质量会因此提高。其实,当我们把知识划分得十分细密,又对学生提出十分细密的要求时,学生的思维就被局限住了。他们没有必要想什么,也想不出什么,最后就懒得想什么。他们对这种"保姆式"的教育,并不领情。这就是学生对违背自然的教育的报复。(郭思乐,《教育走向生本》)

当鞋合脚时,脚就被忘记了。脚被忘记,是因为脚处于"忘我"状态,工作得非常好;反之,如果鞋不合脚,脚疼了,就会被时时记起。

同样的道理,当教育适合学生时,学生就忘记了自己在学习,忘记了自己是在课堂上，甚至忘记了自己。在忘我的时刻，进入投入和着迷的境界，那失去多时的人的自然本性，这时就回到了学生的身上。他们会像自然界的那头鹿，毛色鲜明，忽闪着黑宝石似的眼睛，处处显示活力。平时要花几个钟头甚至几周时间才能"教"会的东西，现在也许几分钟、几十分钟就足够了。

教师的这种"不见自我"的最高境界，就应该是那只最合脚的鞋子。"核心任务，不是自己'教'，而是组织学生'学'、服务学生'学'。为学生创造生机勃勃的，令学生'忘我'的课堂。"不见自我"不是不需要教师，而是对教师提出了更高的要求，通过学生的力量来彰显教师的力量。

学生快乐、美好的学习生活，是德育的真正基础

产生德育问题的一个重大根源，是由于教学不当而造成的学生厌学、压抑、无心向学。反之，当学生对学习充满热情、意气风发、努力向上时，德育工作就有了一个良好的基础。学生美好德行、人格的建立，不能依靠外在的说教，而必须依靠学生自身的体验和感悟，必须经过学生的内化去实现。而这种以生为本的自主课堂以及与之相连的生活实践，就会成为学生获得真善美、涵养德性的最自然、最有效的方式。

夸美纽斯在他的《大教学论》中表述其教育理想："找出一种教育方法，使教师因此可以少教，但是学生可以多学；使学校因此可以少些喧嚣、厌恶和无益的劳苦，独具闲暇、快乐及坚实的进步。"

而我们教师把学习还给学生，充分发挥了学生的学习积极性，解放了人之本能。这才是解决学生学习积极性问题的根本方法。

跟着名家学做教师，深刻理解卢梭的"自然教育思想"，让经典照亮我们教师一路成长。

实践运用与建议

（1）改变观念，在学习中提升教师的自身素养，树立以生为本的自然教育思想观念。

通过阅读教育经典《教育的目的》《爱弥儿》《给教师的建议》《苏霍姆林斯基选集》《叶圣陶语文教育论集》《陶行知文集》《孩子们，你们好》《和教师的谈话》《大教育论》《教育走向生本》《寻找语文的诗意与远方》《经典语文》《生命语文》《青春语文》等等，在感悟经典文字中提升素养，转变教育观念，逐步树立以生为本的自然教育思想观念。

自2010年6月至2011年11月，在"全国生本教育理论与实践研习班"学习进修。其间，一直在昆明、广州、深圳、香港、澳门等地学习当代著名教育专家、华南师范大学博士生导师、广东省教育科学研究所所长郭思乐教授的"生本教育"，并将郭思乐教授的理念与本校的实际学情相结合，申报了省级科研课题"信息技术环境下高中教师有效课堂教学行为策略的研究"。

从2011年起，一直在宜宾六中推广华南师范大学郭思乐教授的"生本教育"理念，并从事教学改革，分别在初中部、高中部多次开展教师培训和学生培训，和众青年教师一起成长。

（2）转变模式，用"教师带着学生走问知识"的新模式代替"教师带着知识走向学生"的传统模式。

服务于生本理念的运作模式主要是要理顺学生、教师、知识三者之间的关系，从而设计一种学生好学的流程。生本教育是对传统教育的一个颠覆，它用"教师带着学生走问知识"的新模式取代了"教师带着知识走向学生"的传统模式。学生和教师在教育教学这幕大戏中的身份也有了明显的变化，学生由原来的"观众"变成了"主演"，而教师则由原来的"主演"变成了"导演"……因此生本教育的主要模式简言之就是：先学后教，以学定教，多学少教，不教而教。

（3）转变课堂流程，按照前置作业、个人自学、小组交流、全班交流、总结交流等环节自然生成。

前置作业：不是简单的学生预习，而是教师根据学生的具体情况就课文的知识及其辐射深广提出有价值的问题，请学生在课前自主地去学习。

个人自学：将老师提出的问题内化成自己的问题，从而去探索解决问题的途径，如查找资料、观察现象、请教内行、亲身体验等，形成对该问题的自我认识。这培养学生以信息收集、处理和交流能力为主要内容的信息素养。

小组交流：学生带着自己的自学收获和遗留问题与小组内同学交流分享，达成组内共识。给每一个孩子创新的机会，使每个人的智慧各放异彩。

全班交流：学生小组交流结束后，推出一名本组发言人，向全班展示小组成果，彼时，万紫千红，各有千秋。

总结交流：该环节的魅力在于它的评价的多元化。学生之间互评互学的浓厚氛围，让学生在自由的评价中爱上课堂，促进学生全面发展。

如此的课堂模式实现了"四突出""三转变"。

"四突出"即：突出学生，充分发挥学生的主体作用，完全改变教师讲学生听的局面；突出学习，整个教学过程处处突出学生的学习、质疑和探究；突出合作，4～6人的小组学习是最大特色；突出探究，让学生通过自主学习、探究获得知识，形成能力。

"三转变"即：变教师灌输式的教为学生自主性的学，使学生获得学习动力；变"听懂了"为"学懂了""会学了"，使学生掌握学习方法；变"他律"为"自律"，使学生获得自信、自尊，激发内在的学习潜能。

感谢卢梭的《爱弥儿》，感谢与经典相遇。

与一本书的相遇，促成了与一群人的相遇，彼此认同，互相影响，共同进步，形成了自己修行成长的精神谱系。

有经典的引领，让教育走向生本，让教育激扬生命，真好！

教育的目的是让学生重新发现自己

安徽省宁阳学校　　凤　华

因为对他来说问题更多的在于引导而不是教导。他不应给出学生准则,而应是让学生去发现准则。(第35页)

● 阅读感悟与反思

"我深知老师责任重大,虽然我不能从事这份有意义的工作,但是我可以做一些简单的事情,于是我跟其他很多人一样,不参与教育,只撰写教育论著。和其他人不同的是,我不耽于教育方案的空想,而是用案例来详细阐明我的教育理念。"这是卢梭的著作《爱弥儿》中的一段话。为什么我们需要教育?教育者存在的意义在哪?今天我们重读这部西方教育史上最有影响力的教育著作,也许就会有答案了。

发现学生的天性

"我们要尊重孩子的天性,让他们按照自己的意愿去发展自己的才能,不能整齐划一地全部把他们培养成同一个样子。"

"你尝试过各种手段去教育孩子,可唯一有效的却被你忽略了,那就是有限制的自由。"

"天性"是每个孩子与生俱来的,每个孩子都是独一无二的个体,卢梭认为,作为教师和父母,我们应该遵循孩子自己的意愿去发展他们该有的才能,而不能依照一个标准来衡量或塑造。然而今天的学校里仍然有老师还是仅仅以分数来评价学生。殊不知，我们今天的社会更加多元，对于人才的需求也不再单一，而是更加趋向于"通才"。简言之，就是一专多能的人才。而且我曾经在两所三本院校里工作过，我发现很多学生干部的情商和能力一点都不输给一本二本院校的学生干部。走上社会之后，那些成绩平平、心态良好、情商颇高的学生反而更容易出类拔萃。所以，我个人认为，与成绩相比，学生个人的情商和逆商以及心态可能更重要。

在一个学校和班集体中，成绩卓越者毕竟是少数，换位思考一下，那些成绩平平甚至一塌糊涂的学生是不是很容易遭遇挫败？我相信每个人都渴望发光，对于教师而言就应帮助这些学生找到属于他们自己的优势和才华，让他们重新找到自信。这让我想到了三毛和她的精神导师顾福生，当三毛面对不轻易收徒的美术老师说自己不想画画时，顾福生老师表现出极大的宽容和理解，并鼓励三毛将心中的想法写出来，从此，三毛走上了文学救赎的道路。

所以，一个老师最大的成就并不是让学生考到多少分，而是让学生发现自我、找到自我、认同自我。而学校的意义就在于让学生在这里找到自信。

教初一的时候，我们班有个学生成绩特别差，其他方面也表现平平，甚至差点违纪。一次平常的体育测试中，体育委员告诉我这个学生跑步不错，于是我找到他，当他听到我希望他能为班级的运动会出一份力时，我看到他眼中泛起的光亮。初二的运动会上，他一连拿下了800米和1500米的第一名。我问他小学有没有参加过运动会，他羞涩地摇摇头。我鼓励他在学习上不放弃，争取考上特长生。这之后，我发现长跑优势不仅仅给他带来了荣誉，更让他变得自信，学习态度上也十分主动。在全市"迎元旦"长跑比赛中，他再次创下佳绩，夺得冠军。

允许学生犯错

"他们的脑中还没有形成是非善恶的观念，所以他们所做的每一件错事都不是明知故犯，你不能以道德的标准来评判他们的做法，更不应该去惩罚或者斥责他们的所作所为。"

卢梭的这句话在我看来就是要让老师明白，要允许学生犯错。一个班级从建立开始，就可能有人在犯错，而一个孩子的成长，也应该伴随着犯错。因为，人只有在错误中才能成长成熟。孟子云："人恒过，然后能改。"试想，一个孩子从出生到成人，如果做的每一件事都是对的，只有两种情况：要么少年老成，要么是傀儡。那该多可怕。

在卢梭看来，孩子的脑中还没有形成是非善恶的观念，所以他们即使做错事也不是故意的，而且有时候他们根本不知道正确的是怎样的。作为教师，大可不必以道德的标准上纲上线，而应该给予学生极大的包容。要设身处地地站在学生的立场，换位思考，要了解学生犯错背后的动机。在《爱弥儿》一书中，卢梭说过这样一句话："不要轻易判断一个孩子是好是坏，这是对孩子起码的尊重。"从动机出发，老师们大概可以看到更多需要被爱被理解的灵魂。

所以，每每在班级管理中遇到学生早恋的问题，我总是对自己说不要紧张，这并不全然是件坏事，然后我通常先考虑的会是这个学生与父母的关系如何、是不是单亲家庭、在学校朋友多不多等诸如此类的因素。因为一个人内心太充实是不太会想到要依赖另一个人的；而如果是双方都有这种想法，我就会以此激励他们朝一个共同的目标奋斗；如果双方都想体验一把，我也不强按牛头，而是对他们说，"过早开放的花儿会过早凋零"。带了几届学生，班上还从来没有发生过学生因为早恋而出现事故的例子，主动放弃的倒不少。

学生，就如同绿植，违背它的生长规律揠苗助长肯定会适得其反；有时候，不妨给他们点自由，允许学生犯点小错，撞了南墙他自然要回头。

身教大于言教

"我想给年轻的老师们提一个建议，在教育孩子时要多进行身教，少说多做。孩子忘性大，很容易忘记自己所说的话和听到的话，但如果亲自实践过或者看到别人做过，就会记忆深刻。"

"不要用恶毒的话去教训你的学生，而是要让他们从所经历的事情中去吸取教训。也不要用严厉的方式去惩罚你的学生，因为他们根本就不知道自己错在了哪里。更不要让他们向你道歉，因为他们本无意冒犯你。"

我发现不止是孩子，就是成年人，也不愿意被人教训或听大道理。尤其是青春期的孩子，他们有了独立的意识，并且开始渴望有独特的个性，他们更讨厌说教。

当你在他们面前整天说教时，你会发现他们会慢慢封闭自我，不会把真实的面目呈现给你，而且还可能在你一遍一遍地重复唠叨时，开始策划挑衅你的权威。

所以，卢梭说："老师，请尽量收敛你的热情，保持你的淳朴，做到谨言慎行。"如果我们发现学生犯了错，只是面红耳赤、暴跳如雷、眼露凶光、大喊大叫的话，那么实际上你是在告诉学生你失去了理智，你没有任何办法了，你快被他们弄疯了。而青春期的孩子恰恰愿意看到老师出这种洋相。

也不要用严厉的苛刻的方式去惩罚，尤其是体罚，因为人的成长并不依赖于惩罚，教师没有限度或考量的惩罚只会让学生讨厌你以及你所教授的学科。今天仍然有很多老师固执地使用着这样的方法（比如当学生背不出来便罚抄五十或一百遍课文），而我相信使用这一方法的老师绝大部分是不会受学生欢迎的。其实，相对于体罚来说，润物细无声的教育方式会更乐于被人接受。

因为，只有当教育的目的被隐藏起来时，教育才能真正起作用。

实践运用与建议

认识小美这个孩子的时候，我已经"荣升"为初一六班的班主任了。

她似乎比一般的孩子大胆，也愿意和老师亲近。就是有一点，不太安分，和别的女孩不一样，下课时总是想去找男生的茬，班上男生投诉了好几次，我也看到过几次。熟了以后，她总是说："老师，你让我多干点活吧，我闲不住。"后来据我观察，的确如此。于是让她做中午值日的管事和书法课代表。一开始，同学们因为之前她的行事风格都比较排斥她，她呢，也不是很自觉，管理没有方法。我针对几个突出的问题找她谈了三四次，告诉她要换位思考。到七年级上学期期末时，一切似乎正在朝良性的事态发展。然而，元旦联欢的下午，她因为未经对方同意在手机上登录了另一位同学的QQ并偷看别人的空间在班级内掀起了轩然大波，几乎所有的学生都站在受害者这一边。矛盾升级，最后她孤立无援，竟然找来了初三的学姐帮她出头。当时的我认为错在她，所以并没有深层次地探寻背后的成因。也许这就成了后来她滑向深渊的助推力。

七年级下学期开学一个月之后，刚过清明节，有隔壁班的学生向我透露，她在清明节时和西津宁中的所谓混子在一起玩，甚至发展到学抽烟的地步。我当然很吃惊，但我知道不能只听一面之词。于是我找来班级里面几个和她相熟的同学，在了解了是她自己在 QQ 上发说说让大家知道之后，我才找她来并要求她将所有情况记录成文字。当得知她确实与男生玩亲亲甚至吸烟之后，我自然特别气愤，心想这孩子怎么这么不懂事，做出这么出格的事。但如果我是她父母，仅仅靠打骂也是解决不了问题的。我觉得她应该没有堕落到无药可救。于是，就有了如下的一场对话：

"告诉我，为什么要尝试吸烟？"

"……"她没有说话，只能再找让她开口的机会。

"是因为好奇吗？"她很快点了点头。

她低声说："我当时只是想试试。"

"你现在觉得这样好玩吗？有意思吗？"

"一点也不。"

"那你现在怎么看小西（教她抽烟的那个女生）？"

"我觉得她不像是好人，我以后也不会和她一起玩了。"

"说到能做到吗？"

"能。"她抬头看我。

"我能理解你的好奇心，不过有些东西尝试一次就已经足够，有些东西是永远不能尝试的，哪怕一口，比如毒品和自杀，因为生命只有一次。我希望你能照顾好自己。"我停了一会儿，把手放在她肩头，"若干年后，我希望看到你幸福地步入婚姻的殿堂，如果你愿意的话。"

这个时候，我看到她的眼中开始泛出泪花。然而，威慑是不能少的，我告诉她学校德育处已经知道这件事了，希望她认真地反思自己的错误，如果需要我出面帮忙，可以开口。

事后，我觉得她这一系列行为的背后应该有几方面的原因：一是假期监管的不到位。关于这一点，我先前与她母亲接触过，她母亲承认监管不到位，但并没有采取过措施。二是她在班级没有什么朋友，所以她才找那些外校的人。三是交友不慎，小西是她的远房亲戚，小学时期又是她的校友。从她的动机来看，这孩子应该只是觉得好奇，并没有意识到自己做错了什么。

于是，我就开始分头行动了。首先找来她母亲，说明情况并分析原因，要求家长在假期务必做好监管工作。接着，我联系了津北小学小西的班主任，了解到这个孩子虽然读六年级，却已经是师生眼中的小太妹了。据该班主任反映，小西的家长已经不愿管教自己的小孩，甚至比较抵触老师的管教。既然如此，我决定还是由小美母亲出面摆明态度。所以，周五放学后，我再次联系了小美母亲，将小西的家庭情况和盘托出，并要求她上门与小西家长沟通。我记得当时我是这样说的："小西的家长不管她，但我们不能不管自己家的孩子。"大概家长也有所触动，所以第二天上午，小美的母亲再次给我电话，说她已经照我说的那样去做了。不过，她在电话的最后说："老师，小美很单纯，她很容易受别人的影响。她说班上同学都不理她，你能不能帮我在班上说说啊？"

很快，我交代给班级得力干将的特意为小美准备的以"友谊"为主题的班会如期举行，我看得出，小美很关注，尤其是第二次班会，她还举手参与了团队协作项目，她在场下笑得很开心。有一些场合，我也会特意将她带在身边，比如七年级篮球赛时，她一直站在我身边和我一起为班级加油呐喊。同时，我还让班干部主动和小美结对子。渐渐地，同学们开始慢慢接受小美了，也有不少同学愿意跟她一起玩了。2018年的元旦，小美偷偷地为我策划了一次"感恩"的行动，她在许愿星上这样写道："老师，感谢相遇，感谢您陪我走过不安和懵懂。这两年半的时间里，与您经过了太多太多的喜与悲，希望在您快乐或不快乐的时候都能想起我。"其实，孩子就是孩子，有时候我们回头看看，当年处在青春期的自己，再想想他们，也就能对孩子生出几分理解和包容来。

我相信，教育是一场"润物细无声"的春雨，不用惊天动地，只需要耐心等待。守得云开雾散，守得春暖花开。

激发兴趣,播下诗意语文的种子

湖南省永州市宁远一中　　文四萍

这并不是教孩子学问的问题,而是要让他产生热爱学习的兴趣,然后在他的这种兴趣越来越浓的时候,再教给他学习学问的方法。这一点肯定就是所有良好教育的基本原则。(第264页)

● 阅读感悟与反思

在我们现实中,有的人认为只要不是"填鸭式""一言堂"的教学,有学生发言的课堂就会激发兴趣。于是有"泡沫式"教学和"谈话法"教学。"泡沫式"教学,课堂看上去热热闹闹,说说笑笑,像电视娱乐节目一样,但课后细想,并没学到什么;"谈话法"教学,先由教师预设好结论,然后千方百计引导学生猜测,这其实是一方强行灌输,一方消极接受。在这四种教学的课堂上,学生的大脑就像电脑的内存一样,暂时存储一些信息,等过一段时间,这些信息会销声匿迹。这样的课堂本质是教学问,而没有激发学生的兴趣,更别谈教他以研究学问的方法了。

教育,不是说教,不是灌输,而是让学生不停地探索学问的奥妙,从而修炼自我。学问是用来培养心灵的,不是用来培养身体的。真正有益于我们幸福的知识,才值得一个人去探寻。这些有用的知识,一开始对学生来说是冰冷的,是遥远的,怎样才会让孩子与之产生链接而且产生好奇心呢?我们这些被称为人类灵魂的工程师,首要的任务就是要解决这一问题。

教育学博士陈建翔说:"当孩子忘我地投入地做一件事时,他就是天才。"我们的语文课堂就是要让学生在课堂上忘我，在课外追寻语文之美。

激发学生兴趣，教他以研究学问的方法，教师要有一定的人格魅力和学术魅力。正如有的专家所说："老师最缺的不是方法，不是教学技术，而是修养。"卢梭也谈到，在敢于担当培养一个人的任务以前，自己就必须先成为一个大写的"人"，自己就必须是一个值得推崇的模范。作为教师，要有诗意的种子，才能激发学生去探索诗意的生活。

实践运用与建议

给学生自由，才会激发兴趣

这种自由并不是行为的散漫，此处的自由是指自由的思想、自由的言论、自由的写作。课堂上不强加，不硬灌，与学生平等对话，允许学生有自己的独特感受和体验，鼓励学生对阅读内容作出有个性的反应，点燃知识的火焰；课后，允许学生自由读名著，写心得、写批注、写随笔，只要不是原则上的问题，让孩子天马行空。我们教师要做的就是给他们表现的机会：在课堂上，让他们把想法说出来；在教室一角，展示他们的佳作。

比如在上《项羽之死》这堂课时，请学生谈谈对项羽之死的看法，有的学生认为他是死有余辜，大部分同学认为性格决定命运，其中一个同学却与众不同，他说："我认为项羽死得有尊严。他不是末路英雄，他有路可走。他不走，是因为他知道东山再起，又会有战争，有战争百姓就受苦。他早年就说过，天下打仗这么多年，就因为有他跟刘邦两人，他愿'与汉王挑战决雌雄，毋徒苦天下之民父子也'。他早就想结束这民生凋敝的局面。他选择自刎，恰恰表现出他顺天应人的姿态，他从大局出发，痛苦了结，他庄严而体面地退出。我认为他是一个直面失败但死得有尊严的英雄。"新课标强调"自主阅读"，要读出个性，如果不给他自由，怎么有个性。名师熊芳芳也说过："个性的土壤，是尊重，自然，多元。"

赏析学生，激发兴趣

新课标主张多用激励性的语言进行课堂教学评价，目的在于保护学生的自尊心，激发兴趣。课堂评价语言也反映出教师知识是否渊博、文化底蕴是否深厚与思想是否丰富。课堂语言评价要做到：（1）具体。比如，"你的分析抓住了关键词，很到位""你的这一观点，对大家都有启发"等。（2）生动。比如，"你的发言让我想起了周国平说的'我写作就是让心有个安顿处'"，要显示教师的知识水平和文化视野，这样会激励学生的阅读兴趣。（3）指出学生错误的解读，但不要硬生生地指出，要善引，最好能幽默地指出。在上《窦娥冤》时，有个学生说："我认为窦娥真傻，这样差的婆婆还要孝顺。"我问同学们，有没有不同见解，有个学生笑着说："我们这样调皮、无知，父母还爱我们，老师还耐心教导我们。"有人马上说："不是傻，是婆婆反衬窦娥。"那个同学顿悟："懂了。不是傻，是真正的孝顺。真正的善良是爱世界上可以爱的人。"总之，教师不要程式化地评价学生，语言不呆板、单调，要丰富、灵活、富有创意。评价语言的核心就是要赏析学生，激发学生的兴趣。

用赏析的眼光对待学生，保护学生的积极性，激发学生的上进心。我喜欢在课前5分钟听学生演讲读书心得。如果有学生说得流畅、深刻，我仿佛在品味一首美妙的乐曲，演讲的学生很有成就感。倘若学生说得不尽如人意，我会关切地瞧着他，向他微笑，不时点头，多给他鼓励。

创造想象，激发兴趣

文学需要想象，想象在文学创作中发挥着极为重要的作用。我们鉴赏作品也要创造想象。我在教小说或戏剧时，或改动小说中的某些情节，或续写小说，或引入表演，进行一种再创作的思维训练。如教《风雪山神庙》，提问：假设没有风雪，林冲会不会走上梁山这一条路？这样，可以使学生的创造性思维得到训练，激发兴趣。

总之，激发了兴趣，学生的心情是喜悦的，内心喜悦的人潜力是无限的，学生自然会研究方法。激发了兴趣，学生有了审美体验，提高了审美情趣，这样不就播下诗意的种子了吗？

让学生活出自己的人生

内蒙古自治区通辽市科左后旗甘旗卡二中　　陈凤英

重要的是让他们怎么活。活着不是能呼吸，而是要有所为。活着就是要使用我们的器官、我们的感知、我们的才能以及让我们感知到自己存在的所有部分。活得最精彩的人，并不是历经岁月最长久的人，而是对生活感受最多的人。有的人可能活到一百岁才埋入黄土，虽然他从出生以来一直活着，但他早已经死了。那还不如在年轻的时候更有意义地死去，至少在那之前他活出了自己的人生。（第17页）

阅读感悟与反思

卢梭说："我们在路上不是像驿夫那样追赶路程，而是像旅行家似的沿途观赏。我们心中不只是想到一个起点和终点，而且还想到起点和终点之间相隔的距离。对我们来说，旅行的本身就是一种乐趣。"这"旅行的本身"应该就是人生的旅程，那么我们应该如何获得人生的乐趣呢？我们怎样更有意义地度过人生呢？这是一个相当重要且十分沉重的话题。作为一位教育工作者，让我们的学生对人生有充分的认识，让他们将来能够拥有一个真正而有意义的人生，我们责无旁贷。

德国诗人荷尔德林说："人，诗意地栖居在大地上。"解读诗意，这里应该包含着人类就要快乐地生活，人生就应该是快乐的、幸福的，这几乎是所有人共同向往的境界。全国著名语文特级教师董一菲倡导的"诗意语文"教学实践活动，我的理解是让学生走向诗意人生，这也就饱含着为学生终生负责的教育态度。

那么我们应该如何指导学生，使之认识到人生的意义并在将来更有质量地度过此生呢？我们的教育又能赋予学生怎样的人生指导呢？总之，我们的教育就应该给予学生积极的人生导向，这才是教育赋予每个人非常重要的价值。这更是我们教育工作者应该担当的责任。

教育应该赋予学生以快乐，我们的教育应该怎么做呢？我们作为教师又该如何去做呢？我们的教育应该怎样引导学生到达幸福的彼岸，让学生在教育中享受到真正的快乐，并让学生在将来的一生中都能够快乐永存呢？

卢梭在《爱弥儿》一书中并没有明确如何去做教育才是正确的，他把自己的教育观点，融入爱弥儿的成长过程中，充分表达了自己对于教育的认知。在书中，卢梭说"我们真正要研究的是人的情况"。我认为这里研究"人的情况"也就是今天我们国家落实的"以人为本"的教育，既然要以人为本，那就更应该把教育的一切都落实在"人"字上，让一个人在教育中获得真正的幸福快乐。卢梭还说"要判断一个人，你必须看这个人长大成人之后是什么样"。这句话已经很明确地说出了教育的真谛，教育要扎根于学生的一生，我认为那就是让学生真正体会到人生除了痛苦、伤悲，更重要的还有快乐、幸福。追逐人生的快乐对孩子们来说才是最重要的，无论将来取得多么大的成功，如果郁郁寡欢，他们的人生仍然是不完美的。

目前我们国家针对教育提出的"核心素养"恰好呼应了卢梭的这一观点。培养"全面发展的人"，让学生活出自己的人生，这样的教育才是真正的教育，这也才代表着教育的成功。

实践运用与建议

我们语文教师应该如何带领学生追逐快乐的人生呢？如何引导学生活出自己的人生呢？在语文教学实践中我们如何去践行呢？

让学生在阅读中获取人生的快乐

人活着的意义和目的,就是要升华自己的灵魂。那么怎样才能拥有一个高贵的灵魂呢?"书中自有颜如玉,书中自有黄金屋。"唯有阅读才能让我们静下心来,安静地偏居一隅,静静去思考人生,去思考生命的意义。然而仅仅向学生介绍读书的重要意义是没有多大作用的,我们还必须现身说法。在我的教学中,我最擅长的方法就是用自己的实际行动去影响他们,很多时候,学生看到我时,我都是手捧一本书在静静阅读中。同时我也会适时地把相应的书籍介绍给他们,让他们体会阅读的乐趣,进而主动寻找阅读的乐趣,逐渐爱上阅读。真正走进阅读的学生,一定会逐渐体会到人生的乐趣,体会到人生的无限滋味,从书中得到启迪与教诲。

让学生在课堂中里获取人生的意义

教学中,我竭尽一切可能让自己的课堂丰富起来。我们的课堂不应只是传授知识,还应有生生之间、师生之间思想的交流。因此,很多时候我都是让学生依据自己的理解畅谈体会与认识。或者选择一首歌曲,让学生静听,谈谈感受;或者选择一位作者,让学生搜集与之相关的内容,阅读之后去探究,去交流感受;或者选择一部影片,让学生集体观看,抒写感受;或者选择社会热点问题,集体讨论,说说看法。这样逐渐让我们的课堂学习丰富起来,既调动了学生的积极性,也最大化地扩展了学生的学习内容,进而丰富了学生的思想;思想丰富起来了,孩子们对人生的思考就深刻了,对人生的意义也会有深刻的理解。

让学生从一篇篇文本中撷取生命的意义

语文教材中选择的都是经典的文本,蕴含着深刻的意义。我们要充分利用这些经典的文本,适时地引导学生从这些经典中汲取营养。若要让学生去体验人生的快乐,感知人生的美好,最好从当下开始。要让学生从每一篇文本中体验到学习知识也是快乐的,从这些文本中逐渐体会到生命的伟大,生命的深刻意义。例如:在学习苏轼的《赤壁赋》时,除了让学生对文本的基础知识有深刻的记忆与理解外,我还让学生找来林语堂的《苏东坡传》,要求在规定的时间之内完成整本书的阅读,然后开展读书交流。通过一系列活动的展开,学生对苏轼的人生起伏、人品性格等方面有了一些理解。同时在学习的过程中我也会适当地让学生找来相应的古代或现代的人物进行比照。总之,通过对文本的深刻学习,让学生立足于一个更高的角度,去体会更为深刻的关于生命的意义。

附：卢梭教育箴言

（1）而我们出生时缺乏的和成长中需要的一切，教育都会赋予我们。（第7页）

（2）作为一个人，孩子必须学会保护自己，去承受命运的打击，勇敢地面对富有和贫穷。（第17页）

（3）家庭生活的吸引力是道德败坏的最佳解药。（第23页）

（4）母不母，则子不子。他们之间的责任都是相互的，如果一方没有很好地履行责任，那么另一方就不会好好照管对方。（第23页）

（5）当一个女人过度照顾孩子，而不是疏于给孩子母亲的关爱时，她也远离了天性。（第25页）

（6）因此，我们在照管和保护他们的过程中首先要想一想他们的未来；要防止他们幼年时出现疾病，就必须在他们摊上之前把他们武装起来。（第27页）

（7）一个人不会因为痛风症带来的痛苦而自杀，只有心灵的痛苦才会让人产生这样的绝望。（第27页）

（8）那么，你希望孩子保持原本的样子吗？那就从把他降临到这个世界的那一刻起就好好照看他。他一出生就好好把握他，并且放任自流直到他长大成人。如果不这样做，你绝对不会成功。（第29页）

（9）当一个男人做了父亲，并为孩子提供生活所需的一切时，他只完成了他任务的三分之一。他应该为人类生育一个自然的人；为社会培养一个社会人；为国家塑造一个公民。（第29页）

（10）"但应该让谁来教育我的孩子呢？"我刚刚告诉你了，你应该亲自

做这件事。(第30页)

（11）有耐心地忍受事物的必然性，而不是别人的恶意，这是人的天性。（第105页）

（12）如果我们不那么急于求成地教育孩子，我们也就不会那么急于求成地对孩子有诸多要求，我们也就愿意多花些时间，从从容容地只在适当的情况下对孩子提出要求。(第126页)

（13）如果没有人强求孩子去做他们应该服从的任何事情，那他们就会只学习自认为真的有价值，且目前有价值的东西，要么为了有用，要么为了有趣。(第155页)

（14）如果你用权威代替了他思想中的推理，他就会停止推理，他将会完全听任别人的观点，成为受人摆布的玩物。(第256页)

（15）我们从没有把自己放在孩子的位置上来想问题，我们也没能走进孩子的思想世界，我们只是把我们自己的观念授予他们。(第261页)

（16）在学生犯错之前，就要对他的缺点提出警告，但是万一他犯了错，也不要指责他，这样做只会让他心生反感。(第414页)

（17）如果你在这件事情上对年轻人施行的所有教育都收效甚微，那是因为你施行的这些教育缺乏他那个年龄的人能懂得的道理，而且更重要的是，对任何年龄的人所讲的道理都要以一定的形式表述出来，才能得到他们的欢心。(第548页)

图书在版编目（CIP）数据

跟教育名家学做教师：经典阅读照亮教师成长/董一菲，张肖侠主编. —上海：华东师范大学出版社，2018

ISBN 978-7-5675-4766-7

Ⅰ.①跟… Ⅱ.①董… ②张… Ⅲ.①师资培养—研究 Ⅳ.① G451.2

中国版本图书馆CIP数据核字（2018）第051972号

大夏书系·与大师同行

跟教育名家学做教师
——经典阅读照亮教师成长

主　　编	董一菲　张肖侠
责任编辑	卢风保
封面设计	奇文云海·设计顾问
出版发行	华东师范大学出版社
社　　址	上海市中山北路3663号　邮编　200062
网　　址	www.ecnupress.com.cn
电　　话	021-60821666　行政传真　021-62572105
客服电话	021-62865537
邮购电话	021-62869887　地址　上海市中山北路3663号华东师范大学校内先锋路口
网　　店	http://hdsdcbs.tmall.com
印刷者	北京密兴印刷有限公司
开　　本	700×1000　16开
插　　页	1
印　　张	16.5
字　　数	245千字
版　　次	2018年7月第一版
印　　次	2024年1月第五次
印　　数	15 101—16 100
书　　号	ISBN 978-7-5675-4766-7/G·9117
定　　价	42.00元
出版人	王　焰

（如发现本版图书有印订质量问题，请寄回本社市场部调换或电话021-62865537联系）